내 아이의 골프 멘탈,
뒤땅에도 꽃은 핀다

내 아이의 골프 멘탈, 뒤땅에도 꽃은 핀다

**내 아이의 골프 멘탈,
뒤땅에도 꽃은 핀다**

제1판 제1쇄 발행 2026년 1월 20일

지은이 이종철
펴낸이 임용훈

편집 전민호
용지 ㈜정림지류
인쇄 올인피앤비

펴낸곳 예문당
출판등록 1978년 1월 3일 제305-1978-000001호
주소 서울시 영등포구 선유로9길 10 문래 SK V1 센터 603호
전화 02-2243-4333~4
팩스 02-2243-4335
이메일 master@yemundang.com
페이스북 www.facebook.com/yemundang
인스타그램 @yemundang

ISBN 978-89-7001-721-1 03690

골프선수 자녀를 위한 부모의 성공적 멘탈 코칭 가이드

내 아이의 골프 멘탈,
뒤땅에도 꽃은 핀다

이종철 지음

예문당

어떻게 하면 골프를 잘할 수 있을까? 나의 삶은 이 물음의 답을 찾아가는 여정이었다. 프로 골퍼가 되기까지 몸소 골프를 잘하기 위해 애썼다면 이후에는 남을 잘 가르치기 위해 애썼다. 골프 잘하는 법을 밤낮으로 고민하다 보니 결국 인간 행동의 근원인 마음의 문제에 다다랐다. 특별히 골프 멘탈을 공부해야겠다고 다짐한 것은 아니었지만 나의 열정은 정신적 측면으로 향했다. 게다가 나 역시 마음의 문제를 해결하고서야 골프에 눈을 떴고 마침내 프로 입문에 성공했다. 그렇기에 나는 골프 멘탈코치가 될 운명이었나 싶다.

사람들은 '골프는 멘탈게임'이라는 사실을 쉽게 간과한다. 이 말은 멘탈이 골프 경기력에 얼마나 큰 영향을 미치는지 잘 모른다는 의미다. 이 사실을 직접 경험하고 깨우치니, 골프의 비밀을 나 혼자만 알고 있는 느낌이다. 사실 골프의 멘탈적인 측면을 외면한 채 기술에 집중한다 해도, 선수들은 간혹 언더파도 치고 프로 자격도 획득한다. 어쩌면 이러한 작은 성과가 선수와 부모로 하여금 골프의 멘탈적인 측면을 외면하도록 만들었을지도 모른다. 하지만 멘탈적인 측면을 외면한 골프는 결국 성공하지 못한다.

나는 자존감에 대한 경험뿐만 아니라 지도 경험을 통해 자존감이 경기력에 매우 큰 영향을 미친다는 사실을 발견했다. 자신을 긍정적으로 생각하는 마음과 자기주도적인 마음에서 실력이 더 빠르게 발전되고, 결국 선수로서의 꿈을 이룬다. 이렇게 나는 자존감에 주목하면서 멘탈 코칭을 해왔다. 하지만 그 과정에서 선수하고만 이야기해서는 풀리지 않는 한계를 느꼈다. 그것은 바로 선수 뒤에 있는 부모의 영향력 때문이다. 선수들과 아무리 좋은 대화를 한다 해도 혹은 아무리 좋은 내용으로 코칭을 한다 해도, 부모의 말 한마디에 물거품이 되곤 했다. 자신을 긍정적으로 여기는 마음은 골프 밖의 영역이다. 이 말은 골프를 시작하기 이전부터 형성되는 마음이라는 뜻이다. 즉 골프선수의 마음은 가정환경과 떼려야 뗄 수 없다.

나는 부모와 선수의 관계에 집중하지 않을 수 없었다. 골프에 상처받고 눈물부터 흘려야만 했던 선수들은 부모의 부족한 지식, 잘못된 조언, 불필요한 욕심에 의해 골프의 길을 올바로 찾지 못했다. 급기야 20대 초반의 어린 나이에도 불구하고 '골프를 그만둬야 하나?', '소질이 없나?', '적성에 안 맞나?'를 고민한다. 더욱 안타까운 일은 그들이 프로 골퍼가 되어 골프 전문가가 되더라도 자신에 대한 자긍심, 직업에 대한 자부심 따위는 없다. 아마도 다른 일을 한다 해도 활력이 넘치는 삶이 되지 않는다. 패배자의 마음으로 삶을 살아갈 가능성이 농후하다.

자녀에게 일부러 스트레스와 함께 고달픈 삶을 주려는 부모는 없다. 그저 부모는 아이가 열심히 하기를 바라며, 성공하기를 바라는 마음이다. 언젠가 상담을 의뢰한 프로선수가 답답했던 자신의 이야기를 털어놓았다. 아빠가 평소 '연습을 열심히 하라'는 질책 섞인 잔소리를 자주 했다. 선수는 잔소리가 듣기 싫어서 훈련을 열심히 했는데 여전히 성적은 좋지 않았다. 아빠는 또다시 '왜 그것밖에 못하냐', '도대체 뭐가 문제냐', '정신 좀 차려라'라는 말과 함께 질책을 쏟아냈다. 선수는 아빠의 질책에 '이제 더 이상 자신이 무엇을 잘해야 하는지 모르겠다'라며 답답해했다. 문제의 답을 찾을 수 없는 선수는 스트레스 받으며 방황했다.

이처럼 골프는 열심히만 한다고 해서 되지 않는다. 열심히 해서 잘될 것 같으면 너도나도 우승하며 성공해야 한다. 기막힌 사실은 방향이 잘못된 열심히는 오히려 자신감만 떨어지고 마음의 상처만 남긴다. 열심히 한 만큼 보상을 받으려면 현명하게 노력해야 한다. 그러기 위해서 선수는 자신감을 가질 수 있는 훈련 방법을 알아야 하고, 코스에서 정확히 어떤 일을 해야 하는지 알아야 한다. 뿐만 아니라 골프라는 스포츠가 본질적으로 어떤 게임인지, 골프에서 중요한 것이 무엇인지, 골프가 왜 멘탈게임인지 이해해야 한다. 이 사실을 모르고 오로지 열심히만 한다면 밑 빠진 독에 물 붓기, 사상누각이 되고 만다. 부모 역시 열심히 안 한다고 아이만 다그칠 일이 아니라 골프의 속성을 잘 이해하고 자녀에게 적절한 조언을 해야 한다.

나는 아이들을 향한 부모의 빗나간 사랑을 수없이 보아왔다. 그리고 골프 멘탈의 핵심이 부모로부터 출발한다는 사실을 발견했다. 나는 더 이상 부모들의 무지를 외면할 수 없었다. 그래서 부모들에게 골프 심리에 대한 정보를 주기 위해 네이버 밴드 '부모골프심리공부방'을 만들었다. 나는 매일 골프 심리에 관한 글을 올리며 부모와 소통했다. 글을 읽고 반성한다는 부모도 있었고, 자기 잘못에 펑펑 울었다는 부모도 있었다. 위안이 되고 힘을 얻었다는 부모도 있었고 감사의 글을 보내준 부모도 있었다. 이 책은 밴드에 올린 글을 중심으로 엮었다. 부모들과 함께 만든 책이다. 함께해준 부모님들께 감사한 마음을 전한다. 끝으로, 골프로 힘들어하는 선수와 부모가 있다면, 부디 이 책을 통해 희망찬 미래가 보이기를 간절히 바란다.

2025년 12월

이 종 철

차 례

제2장 _ 현장에서 접한 다양한 사연들

〈사랑은〉

제3장 _ 골프를 잘하기 위한 마음

제4장 _ 부모님 서약서

제5장 _ 부모님 Q/A

제 1 장

골프선수 은정이

'골프선수 은정이'는 나의 멘탈코칭 경험을 재구성한 소설이다.
이야기에 나오는 은정이는 가상 인물이다.

1. 행복을 찾은 강아지

20대 후반, 프로 골퍼가 되기 위해 컨트리클럽에서 한창 연습할 때의 일이다. 이제 막 겨울에 들어서서 바람이 제법 차가웠다. 경기과 사무실에서 직원 식당으로 가는 길에는 고객 주차장이 있었다. 주차장 너머로는 숲이 우거졌다. 언제부터인가 점심을 먹으러 가는 길 주차장 끝 언저리에 작은 강아지 한 마리가 보였다. 강아지는 누더기처럼 초췌한 행색에, 털이 뒤엉켜 눈조차 제대로 보이지 않았다. 아마도 버려진 반려견이 아닌가 싶었다. 안쓰럽고 불쌍했다. 그날 이후로 밥 먹으러 갈 때마다 눈에 띄었다.

어느 날 나는 강아지한테 다가가기를 시도했다. 하지만 강아지는 이내 눈치를 채고 숲속으로 사라져버렸다. 그다음 날에도 시도했지만 역시 마찬가지였다. 강아지는 날마다 먹을 것을 찾아 헤매는 듯 보였지만 사람들을 극도로 경계했다. 나는 안타까운 마음에 밥을 한번 먹이고 싶었다. 그 길로 식당의 주방 직원한테 부탁해 잔반을 조금 얻었다. 그리고 강아지가 나타났던 주차장 가장자리에 밥그릇을 갖다 놓았다. 하지만 강아지는 사람이 보이기라도 하면 이내 도망갔다. 그리고 나타나지 않았다.

나는 다음 날에도 밥그릇을 갖다 놓았다. 역시 강아지는 도망갔다. 도대체 어떻게 해야 저것에게 밥을 먹여줄지 고민이 되었다. 그래서 그냥 밥그릇을 놓고 가버렸다. 그리고 몇 시간이 지난 후 다시 돌아왔다. 그런데 밥그릇이 싹 비어 있는 게 아닌가. 강아지가 굶주린 배를 채웠다는 생각에 조금은 안심이 되었다. 나는 그 다음 날에도 밥그릇을 갖다 놓았다. 이제 강아지는 먼발치에서 바라보며 도망가지 않았다. 밥맛을 알았던 모양이다. 나는 강아지가 다가오도록 밥그릇으로부터 멀리 떨어졌다. 그러자 얼마 후 강아지가 멈칫하며 다가오더니 허겁지겁 먹기 시작했다. 얼마나 배가 고팠는지 정신을 못 차리고 먹었다.

강아지 밥을 챙겨주는 것이 하루의 일과가 되었다. 그로부터 한 보름이나 지났을까, 나는 밥을 먹는 강아지에게 접근을 시도했다. 제법 가까이 다가갔는데도 도망가지 않았다. 강아지를 만져보고 싶었다. 하지만 손을 가까이하니 으르렁거리며 물러섰다. 내가 다시 물러서니 강아지도 다시 밥을 먹기 시작했다. 또 그렇게 며칠이 지났다. 이제 강아지가 내 얼굴을 알아볼 때도 되었다. 나는 새벽같이 일어나 골프장 진행 일과 연습으로 고된 하루를 보내면서 강아지 밥 먹이는 일이 하루의 낙이 되었다. 하지만 걱정되는 일이 있었다. 날씨가 점점 한겨울로 치닫고 있었다. 바람은 점점 세차게 불어댔고, 산속이라 한기가 더욱 차가웠다. 나는 강아지 생각을 하지 않을 수 없었다. 이 추운 겨울에 어디서 잠을 잘지, 얼어 죽지는 않을지.

이제 강아지는 제 밥시간을 알고 시간 맞춰 기다린다. 밥그릇을 놓아주고 조금 떨어져 있으면 어김없이 다가와 허겁지겁 먹었다. 나는 가만히 다가가 보았다. 머리를 쓰다듬어 주고 싶었다. 강아지는 여전히 경계했다. 하지만 이게 웬일인가 도망가지 않았다. 으르렁대지도 않는다. 나는 속으로 작은 탄성을 질렀다. 변화가 시작됐다. 얼마나 기쁘던지, 이제 사람에 대한 경계가 조금 풀어진 것 같았다. 그렇게 또 며칠을 보냈다. 어김없이 점심때가 되면 강아지는 그곳에서 서성거렸다. 나는 또 밥을 챙겨준다. 이제 강아지는 꼬리를 살살 흔들어댄다. 꽤나 기분이 좋아 보였다. 밥은 언제나 허겁지겁 먹는다. 숨도 안 쉬고 온갖 소리를 낸다.

어느 날 나는 강아지 머리를 쓰다듬어 주었다. 그리고 돌아서는데 어라 이것이 따라온다. 이제 나에 대한 믿음이 생겼나 보다. 하지만 나를 따라오면 어떡하나, 일하러 가야 하는데. 순간 나는 클럽하우스에 있는 보일러실이 생각났다. 그

곳이라면 따뜻하게 지낼 수 있는 공간이 있으리라. 나는 보일러실 직원에게 찾아가 자초지종을 설명했다. 직원은 마침 강아지를 좋아하는 사람이었고 흔쾌히 받아주었다. 이제 강아지는 보일러실 한 편에 자리 잡고 추운 겨울을 따뜻하게 보낼 수 있었다.

다음날 강아지를 보기 위해 보일러실로 향했다. 도착해서 보니 다른 강아지가 있었다. 직원이 씻겨주고 목줄도 걸어주었다. 제법 귀여운 반려견의 모습으로 돌아왔다. 강아지가 나를 알아보더니 좋아서 펄쩍펄쩍 뛰고 난리가 아니다. 처음엔 그렇게 사람을 경계하던 녀석이 이렇게 변하다니 놀라웠다. 정말 기적이 따로 없었다. 강아지는 그렇게 행복해 보일 수가 없었다. 보일러실 한쪽에는 밥그릇, 물그릇이 있었고 집도 있었다. 정말 흐뭇한 광경이었다. 강아지는 매일 나를 볼 때마다 좋아 죽는다고 뛰고, 돌고, 환장하고 달려든다. 언제 그렇게 사람을 경계했던 강아지인가 싶었다. 이제 추위에 떨 일도 없고, 굶주림에 시달리지 않아도 된다. 이제 황량한 산속을 헤매지 않아도 되고, 사람을 그토록 무서워하지도 않아도 된다. 모든 걱정이 사라졌다. 강아지에게도 희망찬 미래가 생겼다. 나는 강아지 이름을 '행복'이라 지었다.

2. 은정이와의 첫 만남

은정이는 고등학교 2학년 골프선수이다. 구력 7년이 넘었지만, 성적이 꾸준하지 않았다. 언더파도 가끔 치지만 80대 타수를 치기도 한다. 시합에 나가면 좀처럼 예선 통과를 못한다. 연습 라운드 때는 성적이 조금 잘 나오는 듯하다가도 시합에만 나가면 성적이 잘 나오지 않는다. 사실 은정이는 엄마랑 살갑게 대화한 지가 오래되었다. 엄마는 성적이 안 좋을 때마다 화를 내고, 다른 선수와 비교하는 말을 자주 한다. "다른 애들처럼 열심히 좀 해!" "다른 애들은 언더파도 잘 치던데 너는 왜 그렇게 못 해?" 이런 말을 들을 때면 은정이는 너무 속상해진다. 하지만 시합에서 성적을 못 내는 것이 사실이라 엄마한테 뭐라고 반박을 못 한다.

엄마는 항상 연습에 집중을 안 한다고 뭐라 한다. 골프도 못 치는데 친구들 만날 시간이 어디 있느냐, 놀 정신이 어디 있느냐며 친구들도 만나지 못하게 한다. 그렇게 놀 시간에 연습장 가서 볼이라도 하나 더 치라고 말한다. 집에서 쉬고 있을 때면, 퍼팅이라도 한 번 더 하라고 재촉한다. 엄마는 뭐든지 완벽하게 만들겠다는 마음으로 하라고 한다. 그리고 열심히 또 열심히를 강조한다. 엄마 잔소리는 정말 끝이 없다. 은정이는 엄마가 정신적으로 쉴 틈을 안 준다고 느꼈다. '그냥 나 좀 내버려 두었으면...' 하는 생각이 자꾸 맴돈다.

은정이는 점점 골프에 흥미를 잃어갔다. 골프선수로서 성공할 수 있을지 불안하고, 연습도 억지로 하는 것 같았다. 티박스에 올라서면 OB부터 걱정되고, 쓰리 퍼팅을 안 하기 위해 안간힘을 썼다. 시합이 끝나면 엄마가 제일 먼저 "OB는 몇 개 쳤냐, 쓰리 퍼팅은 몇 개 했냐, 보기는 몇 개냐." 묻기 때문이다. 그리고 80대라도 치는 날이면 온갖 꼬투리를 잡는 엄마의 잔소리가 속사포처럼 쏟아진다. 이럴 때면 은정이는 정말 죽고 싶은 심정이다. 이제 연습장에도 가고 싶지 않다. 엄마는 또 꾸물댄다고 화를 낸다. 연습하고 집에 돌아오면 퍼팅연습 안 한다고 또 뭐라 한다. '너한테 들어가는 돈이 얼마인지 아느냐'고 하면서 열심히 안 할 거면 골프를 그만두라고 말한다. 그런데 은정이가 진짜 골프를 그만두겠다고 하면 엄마는 더욱 화를 낸다. 이제 은정이에게 엄마는 이 세상에서 제일 싫은 사람이 되었다.

은정이는 또 하나의 시합을 치렀다. 하지만 82타를 치고 예선전에서 떨어지고 말았다. 집으로 오는 차 안에서 엄마는 또다시 쏘아대기 시작했다. "왜 그것밖에 못 치는 거야. 그렇게 또 80대를 쳐서 어떻게 프로가 될래? 넌 도대체 앞으로 어떻게 하려고 그러는 거야? 너는 욕심도 없니?" 엄마는 창피해 죽겠다고 말한다. 은정이는 너무 속상해서 말도 못 하고 울기만 했다. 이제 엄마랑 아무 이야기도 하고 싶지 않았다.

은정이는 매일 눈물을 흘렸다. 골프를 그만두고 싶어도 엄마 때문에 그만두지도 못하고, 어떻게 해야 할지 몰랐다. 열심히 하고 있다고 생각하는 은정이는 엄마가 너무 야속했다. 엄마가 자꾸 괴롭히고 힘들게 해서 가끔은 엄마가 없어졌으면 좋겠다고 생각했다. 눈물이라도 흘리면 엄마는 '그렇게 약해 빠져서 어떻게 시합을 잘 하겠냐'고 또 뭐라 한다. 은정이는 이렇게 성적이 안 나와서 걱정이 많다. 프로는 될 수 있을지, 골프를 계속하는 것이 맞는지, 골프를 안 하면 무엇을 해야 할지, 어떻게 살아가야 할지, 미래를 생각하면 모든 게 걱정투성이다.

은정이는 불안에 떨고 있다. 엄마가 무섭고, 골프가 무섭고, 다가올 미래가 무섭다. 표정은 늘 어둡고 기운도 없어 보인다. 혼자서 외로운 싸움을 하고 있다. '삶이 행복하냐'라는 질문에 은정이는 전혀 행복하지 않다고 대답한다. 이대로 그냥 죽어버렸으면 좋겠다고 한다. 은정이와 상담하면서 사람들이 무섭고, 배고픔에 시달리고, 추위에 떨었던 강아지 '행복'이가 떠올랐다. 은정이는 지금 차디찬 겨울바람이 불어 닥치는 황량한 숲속에서 방황하는 중이다. 마치 배고픔에 시달린 행복이처럼, 은정이는 엄마 사랑을 배고파하고 있다. 은정이도 행복이처럼 보일러실과 같은 따뜻한 곳이 필요하다. 은정이에게도 밝게 웃는 날이 왔으면 좋겠다는 생각이 들었다.

은정이는 눈시울을 붉히면서 말을 잇지 못했다. 나 역시 마음이 미어지기는 마찬가지였다. 나는 휴지 한 장을 건네주며 실컷 울어도 좋다고 말했다. 가슴이 후련해질 것이다. 그리고 쌓아둔 감정을 토해내면 마음의 치료가 시작된다. 나는 위로의 말을 해주었다.

"은정아 골프선수 하느라 힘들지? 이제 선생님을 만났으니까 괜찮을 거야. 이제 울지 않아도 돼. 선생님이 이야기를 들어보니까 은정이가 잘못한 일은 없는 것 같아. 엄마 말대로 놀지도 않았고, 운동도 열심히 했고, 노력을 많이 했잖아. 그치? 그런데 엄마가 은정이한테 기대가 컸던 모양이야. 이제 방법을 잘 찾으면 되니까 걱정하지 않아도 돼."

그동안 은정이는 얼마나 억울하고 속상했는지 눈물을 그치지 못했다. 나는 실컷 울도록 기다려주었다. 은정이가 흐느껴 우는 동안, 나 또한 가슴 아프게 골프했던 지난 시간들이 주마등처럼 스쳤다. 우울하고, 고통스럽고, 괴로웠던 기억은 나 역시 눈시울을 뜨겁게 만들었다. 은정이와 상담이 끝난 후 엄마와 마주 앉았다. 엄마는 기다렸다는 듯이 나에게 다그쳐 물었다.

"은정이 정신 상태에 문제가 있는 것 아니에요? 은정이가 좀 더 열심히 해야 하는 게 아닌가요?"

그 말을 들은 나는 뭐라고 말을 이을 수 없었다. 아이의 마음을 이토록 몰라주는 엄마의 모습을 보니 참으로 안타까웠다. 그러면서 은정이한테 얼마나 신경 쓰는 줄 아느냐며 자신이 노력하는 바를 설명하기 시작했다.

"은정이 골프 때문에 사업도 접고, 골프하기 좋은 곳으로 이사도 했어요. 은정이 몸 생각해서 이것저것 해먹이고, 연습과 시합 때문에 하루에 몇 시간씩 왔다 갔다 하느라 얼마나 고생인지 몰라요."

은정이 엄마는 은정이를 위해 이렇게 저렇게 애쓰고 있다고 재차 강조했다. 나는 순간, 과연 그것이 은정이를 위한 일인지 엄마의 욕심인지 되묻고 싶었다.

나는 엄마가 생각하는 은정이의 단점이 뭐냐고 물었다. 내 말이 떨어지는 순간 엄마는 쉬지 않고 이야기했다. "아침에 운동을 가야 하는데 잘 일어나지도 않고, 연습장에 가면 애들하고 노느라 연습에 집중을 못 해요. 체력 운동 좀 하라고 하면 그렇게나 싫어하고, 왜 이렇게 게으른지 모르겠어요. 시합에 가면 정신 좀 차리고 해야 하는데, 꼭 OB 한 방씩 내는 거예요. 잘 가다가 어처구니없는 실수를 꼭 한 번씩 해요. 연습을 좀 독하게 해야 하는데 애가 물러 터진 거 같아요. 이제 곧 프로 테스트도 치러야 하는데 성적이 이래서 되겠느냐고요."

은정이 엄마는 은정이가 못마땅한 기색이 역력했다. 그리고 난 은정이의 장점을 물었다. 내 말을 들은 엄마는 잠시 주춤하면서 바로 대답하지 못했다. 그리고 한참 생각한 후 말을 꺼냈다. "원래 우리 은정이는 착하고 잘 웃는 아이였어요. 그런데 골프를 한 후부터는 애가 말도 잘 안 하고, 방으로 들어가면 나오질 않아요. 엄마가 무슨 이야기를 하면, 듣는 둥 마는 둥 애가 집중을 못해요. 좀 열심히 하라고 하면 인상이나 쓰고, 모두 저 잘되라고 하는 말에 성질만 내고요."

나는 장점을 듣고 싶었는데, 엄마는 여전히 마음에 들지 않는 모습만 들췄다. 나는 다시 '은정이가 많이 부족해보이지 않냐'고 물었다. 엄마는 맞장구치듯 '그렇다'고 했다. 뭐 하나 시키면 덤벙덤벙 대서 뭘 시키질 못한다고 한다. 엄마는 '뭐든지 완벽하게 한다는 마음으로' 하라고 이야기했다고 한다. 그리고 하는 말이 '완벽하게 노력하다 보면 그래도 좀 남는 게 있지 않겠느냐'라고 한다. 엄마는 딸아이의 마음을 전혀 헤아리지 못했다. 모든 것을 엄마의 입장에서, 엄마의 일방적인 생각에서 몰아갔다. 엄마는 은정이의 좋은 모습을 거의 찾지 못했고, 그 눈에는 한없이 부족하고 못마땅한 딸만 보였다. 이야기를 쭉 듣고 있자니, 엄마의 마음에도 문제가 있음을 직감했다.

3. 엄마의 아픔

은정이는 자존감이 많이 떨어져 있었다. 자존감 테스트에서도 72점이 나왔다. 70점대 초반의 점수는 심리적으로 많이 힘든 상태이다. 골프자존감, 자신감, 평상심 등의 골프 멘탈 테스트에서도 낮은 점수가 나타났다. 이 수준에서는 훈련을 열심히 한다 해도 만족할 만한 경기를 할 수 없다. 의욕도 없을 뿐만 아니라 골프에 대한 흥미도 떨어져서 집중력이 약해진다. 나는 엄마의 자존감에도 문제가 있을 것으로 판단하고 엄마와의 상담도 병행했다. 아이의 자존감은 부모로부터 대물림된다는 말이 있듯이 은정이 사례는 그 말에 딱 들어맞는 케이스였다.

나는 은정이 엄마와 마주 앉았다. 1차 상담에서 은정이의 심리상태를 알려주었고, 아이를 대하는 방식에 대해서 일러주었다. 우선 무조건 다그치지 말고, 연습을 강요하지 말라고 했다. 그리고 은정이한테 해서는 안 될 말과 해야 하는 말을 구분해주었다. 무엇보다도 중요한 것은 엄마와 딸의 관계 개선이라고 말했다. 엄마는 노력을 다짐했으나 쉽지 않았다. 당연히 쉬운 문제가 아니다. 십 년 이상 해온 습관을 어떻게 일순간에 고치겠는가. 나는 엄마 자신의 이야기를 듣고 싶었다. 엄마는 성장기와 결혼 후의 이야기를 털어놓았다.

"아버지가 무척이나 엄한 분이셨어요. 아버지가 생활 단속을 심하게 하셔서 친구들하고 놀러 한 번 가기가 힘들었어요. 외박은 상상도 할 수 없는 일이었고요. 가부장적인 아버지였기 때문에 늘 무서운 아버지였어요."

정작 은정이 엄마를 가슴 아프게 했던 것은 오빠 때문이었다.

"오빠는 공부를 꽤 잘했어요. 학교에서 반장을 도맡아 했고, 좋은 대학에 진학했어요. 아버지는 항상 '오빠를 좀 닮아봐라', '공부를 그것밖에 못 하겠냐'고 하면서 꾸짖었어요. 아버지는 늘 오빠와 비교하는 것을 좋아했어요. 그럴 때마다 정말 속상하고 억울했어요. 아버지는 공부 잘하는 오빠만 좋아하는 것 같았고, 저는 언제나 찬밥신세였어요."

엄마는 결혼 후에 더 큰 시련을 겪었다. 시집살이하면서 딸을 낳았다는 시어머니의 책망 때문에 숨쉬기조차 힘든 하루하루를 보냈다. 산후조리를 제대로 못해서 아직도 허리가 아프다고 했다. 은정이 엄마는 속상했던 기억을 꺼내면서 눈물을 보이기 시작했다. 그렇게 기세등등했던 지난 상담 때와는 사뭇 다른 모습이었다. 은정이 엄마는 말을 이었다.

"시어머니는 궁합이 안 좋다는 이유로 결혼을 반대했어요. 그리고 결혼 후에는 늘 차갑게 대해주셨어요. 아무리 잘하려고 해도 시어머니한테 인정을 받을 수가 없었어요. 언제부턴가 시어머니가 미워지기 시작했어요. 왜 그렇게 저를 못살게 구는지, 속상하지 않은 날이 없었어요. 그 후로 스트레스 때문인지 머리숱이 빠지기 시작했고, 몇 년 후에는 갑상선 수술도 받았어요. 남편에게 의지해보려 했지만, 남편은 언제나 바쁘다는 핑계로 무심했어요. 그저 그냥 어머니한테 잘하라는 말만 습관처럼 하더라고요. 누구에게 의지할 사람도 없고 고독감이 느껴졌어요."

은정이 엄마의 내면에는 원망과 자책 그리고 스트레스로 가득 찼다.

"전 아버지로부터, 시어머니로부터, 남편으로부터 늘 인정받기 위해 애썼어요. 하지만 돌아온 것은 책망뿐이었어요. 언제나 저는 단점이 많은 사람이었고, 잘못한 사람이었고, 부족한 점이 많은 사람이었어요. 그래서 늘 똑바르게 완벽하게 야무지게 살려고 노력했어요."

은정이 엄마는 자신을 결핍이 많은 사람으로 느끼면서 살아왔다. 그리고 삶은 그런 자신의 부족한 점들을 채우기 위한 노력으로 채워졌다. 엄마는 은정이 이야기를 꺼냈다.

"딸아이에게 나 같은 삶을 주지 않아야겠다고 다짐했어요. 누구에게나 인정받고 잘난 사람으로 키우고 싶었어요. 그래서 뭐든지 은정이가 완벽하게 하기를 바랐고, 뭐든지 잘하기를 바랐어요. 그래서 '열심히'를 강요하게 된 것 같아요."

나는 은정이 엄마를 이해할 수 있었다. 엄마 역시 자신의 잘못이 아니었다. 단지 그런 환경에 놓여 살아왔을 뿐이다. 어디 공부 못한 것이 평생 짊어질 죄는 아니지 않은가? 딸자식 낳은 것이 이 시대에 책망 받을 일이 아니지 않은가? 실수 없이 완벽하게 사는 사람들이 또 어디 있겠는가? 은정이 엄마는 결국 딸아이를 힘들게 한 것이 바로 자신이었음을 깨달았다. 이 사실을 알고부터 엄마는 더 많은 눈물을 흘렸다.

사람의 마음은 어떤 환경에 있느냐에 따라 그 모양과 형태가 달라진다. 자신을 믿어주고 인정해주는 사람들 속에 살아가면 자신을 믿는 마음으로 살아가고, 반대로 불신과 책망을 일삼는 사람들 속에 살아가면 자신을 의심하고 탓하는 삶을 산다. 바로 자존감 없는 삶이다. 안타까운 점은 자신이 어떠한 환경 속에 살아가고 있는지 당시는 깨달을 수 없다. 어쩌면 그렇게 마음이 병들고 있음을 모르고 사는 것은 당연한 일인지도 모른다. 아마도 훗날, 삶을 돌아보는 운명적인 사건이 있지 않고서는 그냥 그대로 자신을 책망하는 삶이 된다. 불행한 삶이다.

은정이 엄마는 변화를 다짐했다. 3차 상담에서 다시 만난 엄마는 무슨 깨달음이 있었는지 뭐든 내가 시키는 대로 할 태세였다. 엄마는 '뭐부터 하면 되겠느냐'며 나를 다그쳤다. 우선 진정부터 시켰다. 그리고 천천히 여유를 갖자고 했다. 그래도 은정이 탓만 하다가 이렇게 태도를 바꾸어 온 것만으로도 참 다행이었다. 왜냐하면 대부분의 사람들은 자신의 잘못을 좀처럼 인정하지 않기 때문이다. 잘못을 인정하는 것만으로도 절반의 성공이다. 우선 1차 상담 시에 이야기했던 부분을 다시 상기해주었다. 아이를 대하는 방식, 아이를 존중하는 방법, 아이의 감정을 공감하는 방법, 자존감 향상을 위한 생활 태도 등 어른 중심이 아닌 아이 중심에서 생각할 수 있도록 설명했다. 엄마는 어렸을 때 아버지에게 당한 감정, 그동안 사람들에게 속상했던 일들을 떠올리며 빠르게 이해했다.

내가 물었다. "그동안 어머님을 속상하게 했던 사람들을 생각해보았으면 좋겠어요. 만약 그들을 다시 만난다면 무슨 말을 하고 싶으신가요?"

엄마가 대답했다. "도대체 나를 그렇게 힘들게 한 이유가 무엇이냐고 따지고 싶어요. 그게 그렇게 큰 잘못이었는지 묻고 싶네요."

나는 다시 물었다. "그들이 만약 사과하러 온다면 받아주시겠어요?"

엄마가 반문했다. "다 돌아가신 양반들이 어떻게 돌아오겠어요?"

내가 말했다. "그냥 가정으로 생각해봤으면 좋겠어요."

엄마는 잠시 생각에 잠긴 듯 아무 말도 하지 않았다. 마침내 말을 꺼냈다.

"두 번, 세 번, 네 번, 열 번 와서 사과하면 받아주겠어요."

이 말에는 그간의 겪은 마음의 상처와 깊은 서러움이 묻어 있었다. 은정이와 관계를 생각해보라고 했다. 한참 후에 나는 다시 말을 꺼냈다.

"어머님! 은정이의 마음이 어떨 것 같은지 생각해보시겠어요?"

은정이 엄마는 또다시 눈물을 터트렸다. 자신이 속상했던 것만큼 이제야 은정이의 아픈 마음을 헤아릴 수 있었던 모양이다. 나는 연신 눈물을 닦는 엄마에게 위로의 말을 건넸다.

"이제라도 은정이의 마음을 알았으니까 괜찮을 거예요. 앞으로 잘 해나가면 되지 않겠어요? 하지만 먼저 해야 할 일이 있어요. 은정이한테 진심 어린 사과를 하는 것이에요. 어머님께서 어머님 자신을 속상하게 했던 그분들한테 사과를 바라듯이 말이죠."

나는 다시 물었다. "은정이한테 '네가 잘못한 것은 없다', '엄마가 모두 잘 못한 것이다', '엄마를 용서해 달라'는 말씀을 하실 수 있겠어요?" 엄마는 생각할 틈도 없이 그러겠다고 고개를 끄덕였다. 이제 조각난 퍼즐이 하나 맞춰졌다. 엄마가 반성을 시작했고, 마음에 변화가 일어났기 때문이다. 이제 마음을 은정이에게 보여주고, 은정이가 엄마에게 다가오기를 기다리면 된다. 쉽진 않겠지만 그래도 희망을 보았다. 나는 엄마와 이야기를 나누면서 강아지 '행복'이가 생각났다.

그토록 사람을 경계했던, 좀처럼 다가올 수 없었던 강아지.
추위와 배고픔에 시달려야 했던 강아지.
눈도 볼 수 없었던 누더기 모습의 그 강아지.

이제 엄마도 은정이를 위해 사랑의 밥그릇을 놓아두기로 결심했다. 이제 저만치 물러서서 은정이가 다가오기를 기다리면 된다. 겨울이 더 깊어지기 전에, 찬바람이 불기 전에 은정이가 그 황량한 숲에서 빨리 나와야 할 텐데...

4. 편지

연습장 너머에 보이는 나지막한 산은 이미 가을옷을 입었다. 울긋불긋 마치 색동옷을 입은 것처럼 그렇게 가을은 깊어졌다. 햇볕 사이로 솔솔 불어오는 아침 바람이 볼에 부딪힌다. 아침 일찍 훈련에 나선 은정이는 한창 샷 연습을 하고 있었다. 요사이 엄마의 잔소리가 조금 줄어든 듯해서 은정이는 한결 기분이 좋았다. 하지만 아직은 엄마의 눈치를 보는 습관에서 벗어날 수는 없었다. 아이들하고 떠들다가도 엄마가 오는 것 같으면 연습하는 척했다. 은정이는 주차장에 엄마 차가 있는지 확인했다. 언제부턴가 습관처럼 된 행동이었다. 엄마 차가 안 보이면 애들하고 마음 편히 놀 수 있었고, 보이면 그제야 타석으로 들어갔다.

은정이는 며칠 전 엄마에게 사과를 받았다. 하지만 은정이는 사과를 받았다고 해서 엄마가 달라질 것이라고 생각하지 않았다. 엄마에 대해 싫었던 감정이 좋아질 것 같지도 않았다. 상처받은 마음이 말 한마디로 치유되지는 않는다. 시간이 필요한 일이다. 연습을 끝낸 은정이는 퍼터를 손에 쥐고 차에 올랐다. 한 소리 듣지 않으려면 퍼터를 꼭 챙겨야 했다. 나는 엄마에게 '더 이상 집에서 퍼팅 연습은 시키지 말라'는 이야기를 미리 해두었다. 그리고 덧붙여서 말했다. '집은 휴식을 취하는 공간이다. 집에서 하는 퍼팅연습은 효과도 크지 않다. 마음만 지친다. 집에서는 휴식에 집중하도록 도와주고, 취미생활이나 여가활동을 하도록 도와주어야 한다.' 엄마는 퍼터를 챙기는 은정이의 모습을 보고 말을 건넸다.

"은정아 이제는 집에서 퍼팅연습을 하지 않아도 돼. 쉬면서 너 하고 싶은 일을 해."

은정이는 이 말을 듣고 평소와 다른 엄마의 모습에 순간 의아했다. 하지만 아무 대꾸도 하지 않았다. 모녀 사이는 여전히 냉랭했다. 집에 도착한 은정이는 샤워하고, 밥을 먹고, 언제나 그랬듯이 제 방으로 들어가서 모습을 비추지 않았다. 엄마는 은정이의 차가운 모습이 익숙하지만 이제는 마음이 아팠다. 엄마가 미워서 저러고 있다는 것을 생각하면 슬퍼졌다. 엄마는 나하고 약속했다. 딸아이의 차가운 모습에 화를 내거나, 나무라지 않기로 했다. 그리고 은정이가 먼저 다가올 때까지 기다리기로 했다.

그렇게 며칠이 지났다. 여전히 은정이는 엄마와 따뜻한 대화를 할 준비가 되지 않았다. 그런 모습을 보고 있는 엄마는 지난날을 후회했다. 좀처럼 마음을 열지 않는 은정이는 엄마의 마음을 조급하게 만들었다. 나는 엄마에게 편지를 써

보라고 권했다. 그동안 은정이를 속상하게 했던 일들을 하나씩 적어보라 했다. 그리고 용서를 구하라고 했다. 두 번이고, 세 번이고, 열 번이고 말이다. 은정이 엄마도 자신을 속상하게 했던 사람들로부터 그렇게 끝까지 와서 사과해주기를 바라지 않았던가. 그 마음을 이해했는지 편지를 쓰기 시작했다. 그리고 은정이는 날마다 엄마의 편지를 받았다. 편지는 강아지 '행복'이에게 놓아주었던 사랑의 밥그릇이었다. 하지만 여전히 은정이는 방으로 한 번 들어가면 나오지 않았다. 그러나 편지만큼은 받았다. 그렇게 또 며칠이 지났다.

어느 날 저녁, 여전히 은정이는 제 방에서 나올 기미가 없었다. 그날 역시 엄마는 식탁에 앉아 편지를 쓰고 있었다. 그런데 방문이 슬며시 열리면서 딸아이가 나오는 게 아닌가. 은정이는 소파에 앉아 TV를 켰다. 엄마는 소파에 앉아 있는 은정이의 모습을 오랜만에 보았다. 엄마는 속으로 작은 탄성을 질렀다. 그렇게 또 며칠이 지났다. 은정이는 이제 거실로 제법 왔다 갔다 했다. 은정이 엄마는 내게 전화를 걸었다.

"은정이가 밖으로 나오고 있어요!" 엄마의 말에는 기쁨이 서려 있었다.

나는 강아지 '행복'이를 떠올리며 말했다. "섣불리 친한 척하다간 은정이가 다시 도망갈 수 있으니 그냥 기다리셔야 합니다."

그리고 며칠 후 또다시 다급한 목소리로 엄마에게 전화가 왔다. "은정이가 답장을 줬어요!" 무척이나 기쁜 목소리였다.

"엄마, 나 엄마 때문에 많이 속상하고 많이 울고 그랬어. 골프도 안 하고 싶었고, 엄마가 너무 싫어졌어. 엄마가 이제 내 맘 알아줘서 고마워. 나하고 다른 애들하고 비교하지 않았으면 좋겠어. 특히 지영이하고 예진이랑 비교하지 마. 너무 속상해. 나도 잘하고 싶은데 잘 안 되는 걸 어떻게 해. 그리고 라운드 끝나고 OB 몇 개 쳤냐고, 쓰리 퍼팅 몇 개 했냐고 물어보지 않았으면 좋겠어. 나도 그렇게 안 하고 싶은데 자꾸 꼬치꼬치 물어보면 정말 속상해. 그리고 나 때문에 창피하단 말도 하지 마. 그러면 나 정말 죽고 싶어져."

편지를 받아본 은정이 엄마는 또다시 눈물을 흘렸다. 사실 나와 은정이는 미리 이야기를 나누었다. 엄마가 마음을 열고 은정이를 대하는 태도가 달라진다면, 은정이도 마음을 열어보라고 설득했다. 그리고 엄마가 편지를 주면 받아보라고 했다. 은정이는 그렇게 하겠다고 대답했다. 그리고 만약 엄마에게 다가가고 싶은 마음이 생기면, 우선 소파에 앉아 TV를 보라고 했다. 일단 엄마와 마주 보는 연습을 하고 난 후에 만약 엄마에게 하고 싶은 말이 생기면 그때 답장을 쓰라고 했다. 은정이는 꼭 그렇게 실천에 옮겼다. 은정이는 지금 강아지 '행복'이처럼 사랑의 밥그릇으로 다가가는 중이다.

5. 진짜 자신감

은정이는 답장을 쓴 후부터 엄마와의 대화를 피하지 않았다. 엄마도 은정이도 마음을 열고, 드디어 모녀간의 소통이 시작되었다. 아직은 친근감 있는 대화는 아니었지만, 말문이 트인 것만으로도 작은 기적이었다. 은정이는 어느 날 나에게 이렇게 말했다.

"선생님! 골프가 다시 재밌어졌어요. 신기하게 연습을 하고 싶은 마음이 생겨요. 그리고 시합에 나갈 때마다 항상 예민했는데 이제 좀 나아진 것 같아요. 지난번에 첫 홀부터 보기로 출발했는데 처음으로 화가 나지 않았어요.”

나는 이 말을 듣는 순간 그동안 얼어붙었던 마음이 조금씩 녹아내리고 있음을 직감했다. 이제 조금만 더 안내해주고, 조금만 더 기다려주면 골프 마인드가 작동할 것 같았다. 내가 말하는 골프 마인드란 감각과 느낌을 사용해서 나오는 흥미와 자신감을 말한다. 은정이도 그렇지만 은정이 엄마의 표정도 점점 밝아졌다. 엄마는 상담을 통해 골프심리에 대해 하나씩 배워갔다. 예기치 못한 상황들이 오거나, 궁금한 것이 있으면 그때그때 코칭 방법을 배웠다. 엄마는 나에게 고마움을 표했다. 이제 은정이는 본격적으로 골프에 집중할 수 있었다.

은정이가 동계 전지훈련을 갔다. 출국 전 타석에서 만나 이번 훈련에서 꼭 해야 할 것들을 일러주었다. 첫 번째는 타깃을 향한 반사적, 반응적 루틴이었다. 그것은 샷을 준비하고 실행할 때, 오로지 타깃에 의해 몸이 움직이는 것을 말한다. 온몸으로 타깃을 느끼고, 타깃을 느낀 상태에서 무의식적인 샷을 한다. 이 연습이 제대로 된다면 단순하게 보다 감각적인 골프를 해낼 수 있다. 타깃에 집중하는 골프의 시작이다. 그리고 두 번째로 퍼팅이나 어프로치 할 때 발걸음으로 거리 체크를 하지 않도록 주지시켰다. 은정이는 그동안 발걸음 수를 기준 삼아 스윙의 크기를 조절했다. 감각적이지 않은 방법이다. 골퍼가 홀을 바라보고 있으면 본능으로 거리를 느끼고, 직관적으로 라인을 읽어낸다. 적어도 은정이처럼 구력 7년의 골퍼는 충분히 할 수 있는 능력이다. 손을 느끼는 대로, 반사적으로 움직이는 능력은 누구에게나 있다. 자신의 타고난 능력을 믿는 것이 바로 골프에서 필요한 진짜 자신감의 원천이다.

나는 전지훈련 내내 은정이의 골프일지를 받아보았다. 그리고 피드백을 주었다. 은정이는 골프 멘탈을 훈련해나갔다. 실수에 대처하는 마음, 스코어에 집착하지 않는 마음, 버디 욕심 버리기, 다른 사람 신경 쓰지 않기, 긍정적인 사고,

현재의 집중, 평상심 가지기, 그냥 하는 골프, 자신감을 위한 사고방식, 확률을 높이는 전략 등등 시합에 대비한 마음가짐을 훈련했다. 은정이는 잘 따랐고 두 달간의 전지훈련을 성공적으로 끝냈다. 은정이는 귀국 후 나와 상담실에서 만났다. 나는 바뀐 생각들이 궁금했다.

"선생님! 골프가 새로워졌어요. 그동안에는 스윙에 대한 문제를 고치느라 생각이 많았는데요, 타깃에 집중하는 골프를 하니까 스윙에 대한 집착이 없어졌어요. 처음엔 불안했는데 선생님 말씀대로 '반드시 해내자'라는 마음으로 자꾸 하다보니까 익숙해지더라고요. 좀 지나니까 그렇게 안 하면 못 치겠더라고요." 은정이는 쉬지 않고 말했다.

"퍼팅에서도 발걸음을 세지 않고 하는 게 무척 신기했어요. 처음엔 많이 불안하고 쓰리 퍼팅도 했지만 이것도 하다보니까 느낌이 오더라고요. 그리고 절차도 단순해져서 시간적인 여유가 많이 생겼어요. 모든 게 더 쉽게 느껴졌어요. 오히려 제가 다른 선수들을 기다리는 시간이 많아졌어요. 왜 내가 진작 이렇게 못했을까 후회가 됐어요. 정말 웃기죠? 발걸음을 세지 않고 홀에 들어가면 그게 그렇게 짜릿하고 좋았어요."

은정이가 하는 말은 모두 내가 듣고 싶은 이야기였다. 감각 플레이를 하지 못했던 선수가 감각 플레이에 성공하면 대부분 공통된 이야기를 한다. 새롭다, 처음엔 불안하다, 하니까 되더라, 여유롭다, 단순하다, 신기하다, 재밌다, 자신감이 생긴다 등등. 은정이는 두 달간의 전지훈련을 잘하고 왔다. 이제 은정이는 시합에 적용하는 일만 남았다. 은정이의 목소리에서 내가 바라는 무언가를 느꼈다. 약간은 상기된 목소리, 살짝 흔들리는 톤, 무언가를 말하고 싶어 하는 그 눈빛, 그것은 이제 막 진짜 자신감을 느끼기 시작한 선수의 진실한 목소리였다.

6. 욕심과 마음비움

　은정이는 이제 엄마와의 대화를 곧잘 했다. 하지만 아직은 다른 집처럼 다정한 엄마와 딸의 모습은 아니었다. 그래도 이 정도만이라도 다행스럽고 잘된 일이었다. 그동안 은정이는 시합장을 오가는 차 안에서 쉴 새 없이 들려오는 잔소리에 속상했지만, 이제는 그렇지 않았다. 엄마도 많이 노력했다. 시즌 첫 시합으로 도 대회에 나간 은정이는 75, 72타를 치고 6위를 기록했다. 2년 전 도 대회 5위가 최고 기록이었다. 최고 기록에 근접한 은정이는 이번 성적에 만족했다. 은정이는 보통 시합의 후반부로 갈수록 성적이 좋지 않았다. 그래서 뒷심이 부족하다는 이야기를 자주 들었지만, 이번에는 마지막 날에 더 좋은 성적을 냈다. 이 점을 칭찬했다. 은정이는 첫 시합을 치르고 난 후 이런 말을 했다.

　"선생님! 뭔가 느낌이 달라요. 이걸 어떻게 이야기해야 하죠? 뭔가 잘될 것 같은 느낌? 선생님! 그냥 다음엔 더 잘할 수 있을 것 같아요."

　은정이의 목소리는 희망에 차 있었다. 나는 은정이의 멘탈이 선순환으로 들어왔음을 느꼈다. 은정이는 다음과 같은 일지를 써서 보냈다.

　요즘 세상 사는 게 왜 이렇게 즐겁고 재밌는지 모르겠다. 진짜로! 뭘 해도 즐겁고 재밌어서 하루하루가 너무 금방 지나간다. 친구랑 노는 것, 연습, 운동도 사소한 것까지 하나하나 전부 그냥 재밌는 에피소드 같다. 난 지금 히어로 영화 속 주인공 같은 기분이다. 아무리 좋지 않은 일이 닥쳐와도 전부 해결해나가며 성장해나가는 그런 영화 속 주인공 말이다. 주인공이 처음부터 세상의 주목을 한 몸에 다 받지 않는 것처럼 나도 그렇다고 생각한다. 지금의 나는 영화의 초반부이다. 모든 역경과 시련을 헤쳐나가는 시기. 시련은 계속될 것이고, 엄청난 사건도 많을 것이다. 하지만 하나하나 해결해나가다 보면 언젠가는 세상의 주목을 한 몸에 받는 주인공이 되지 않을까? 나는 그 순간까지 꾸준하게 누구보다 열심히 헤쳐나갈 것이다. 시합하면서 다시 한번 느꼈다. 감각적으로 치는 게 얼마나 재밌는 일인지. 아, 얼마나 짜릿하고 흥분되는 일인지 모른다. 샷을 할 때마다 기분이 좋아 얼른 또 쳐보고 싶어 발걸음이 빨라진다. 콧노래가 절로 나온다. 생각도 적어지고 머리가 한결 가벼워졌다. 공 앞에 섰을 때 이렇게 간단하게 생각한 적이 얼마 만인가. 생각이 많았을 때보다 성적이 더 좋아졌다. 기분 좋게 라운드를 마쳤다. 앞으로 이런 식으로 한다면 우승으로 이어지는 건 시간문제이다.

삶의 만족도가 높아진 은정이는 자신감이 꿈틀대기 시작했다. 그리고 자발적인 태도가 시작되었다. 감각게임에 대해서도 빠르게 이해하며 골프에 대한 흥미를 높여갔다. 은정이는 곧이어 제주도에서 열리는 전국대회에 출전했다. 사실 이 대회는 한 번도 예선 통과를 한 적이 없다. 하지만 이번만큼은 달랐다. 1오버파 10위를 기록하면서 처음으로 예선전을 통과했다. 은정이와 엄마는 무척이나 기뻤다. 전화로 예선 통과를 알리는 은정이의 목소리는 신이 났다. 나는 축하와 함께 본선전에 대해 조언했다. 타깃에 반응하는 루틴을 강조했다. 그리고 실수가 나오면 이렇게 마음먹기로 약속했다. '골프가 어떻게 완벽할 수 있어? 실수할 수도 있는 거지!'

은정이는 본선 첫날 73타, 둘째 날은 71타를 기록했다. 합계 이븐파 8위로 대회를 마쳤다. 전국대회 최고 기록이었다. 은정이는 날아갈 듯이 기뻐했다. 은정이가 그동안 얼마나 힘들어했던가? 속상하고, 억울하고, 답답하고, 이제 그런

악몽에서 벗어날 수 있다는 그 기분은 겪어보지 않으면 알 수 없다. 은정이는 전반기 대회를 성공적으로 마쳤다. 도 대회에서 3등을 기록했고, 전국대회에서도 6위, 9위, 5위를 기록했다. 그리고 모든 예선전을 통과해내는 성과를 냈다. 무엇보다도 좋아진 것은 대회 후반부로 갈수록 성적이 좋아진다는 점이다. 은정이는 나에게 말했다.

"선생님! 이제 실수할 것 같은 느낌이 잘 들지 않아요. 타깃에 반응하는 루틴에만 집중하니까 실수는 잘 나오지 않고, 공이 원하는 곳으로 잘 가요. 스윙이 정말 단순해지는 느낌이에요."

은정이는 계속해서 진짜 자신감을 가진 선수들이 하는 말을 했다. 이렇게 계속 시합이 잘 된다면 걱정이 없다. 시즌 후반기에 들어선 은정이는 욕심이 나기 시작했다. 이제 자신감도 생기니까 더 잘치고 싶은 마음이 들었던 모양이다. 후반기 첫 대회에 나선 은정이는 예선 첫날 79타를 치고 떨어지고 말았다. 은정이 엄마와 먼저 통화했다. 상황이 어떻게 된 거냐고 물었다. 은정이는 후반 두 번째 파 5홀에서 OB를 두 방이나 냈다. 파 5홀이라는 이야기를 들었을 때 틀림없이 욕심 때문이라 생각했다. 은정이와 통화했다. 왜 OB가 나온 것 같냐고 물었다. 예상대로 불필요한 욕심을 냈다. 은정이는 상황을 설명했다.

"세 홀을 남기고 이븐파로 오고 있었어요. 그런데 문득 언더파로 끝내고 싶더라고요. 그래서 롱홀에 왔을 때 투 온을 시도했어요. 티샷을 조금 멀리 쳐놓으면 투 온이 될 것 같았거든요."

사실 그 홀은 오른쪽이 그린까지 OB 지역이었다. 자칫하면 터질 수 있는 홀이다. 은정이는 쓸데없이 욕심을 냈다. 결국 티샷에서 한 방, 세컨드 샷에서 한 방, 이렇게 두 방이나 OB를 내버렸고, 다음 홀부터 멘탈이 아예 무너졌다. 당혹스러운 마음을 잡지 못한 은정이는 17번 홀 더블보기, 18번 홀 보기를 범해 결국 79타로 경기를 끝냈다. 나는 다시 은정이와 마주 앉았다.

"왜 갑자기 언더파를 치고 싶었어?"

은정이는 이렇게 대답했다. "우승하려면 언더파를 쳐야 할 것 같았어요."

은정이는 우승을 생각했던 모양이다. 나는 우승하겠다고 덤비는 플레이는 큰 욕심이라고 이야기해주었다.

"은정아, 언더파를 치고 싶고, 우승하겠다며 공격적으로 게임을 하면 생각이 미래로 가는 거야. 그러면 현재의 집중이 안 되고 감각적인 골프가 약해져. 한번 생각해봐. 성적을 잘 내려면 버디를 많이 쳐야 하잖아? 버디를 많이 치려면 멀리 쳐야 하고, 위험한 공략을 할 거야. 그러면 결국 점수를 까먹는 거야. 만약 티샷에서 욕심을 내지 않았더라면 세 번째 어프로치샷을 50m 이내에서 쳤을 거야. 그러면 버디 찬스가 오지 않겠어? 그러면 진짜 버디를 했을지도 몰라. 선생님은 은정이한테 이번 시합이 아주 좋은 경험이라고 생각해."

은정이가 물었다. "선생님, 우승하고 싶은 것도 욕심이에요?"

내가 말했다. "은정아. 선수가 우승하고 싶은 것은 당연한 거야. 하지만 그 우승을 위해 어떤 방법을 쓰느냐 하는 것은 다른 문제야. 점수를 줄이기 위해 스코어에 집착하는 마음은 오히려 스코어를 잃을 수 있어. 우승을 위해서 은정이가 노력해야 할 일은 결과를 생각하지 않고, 성적에 신경 쓰지 않고, 오로지 매 샷에서 해야 할 일에만 집중하는 거야. 한 홀 한 홀 그렇게 하다 보면 결과가 만들어지지 않을까? 그게 우승이 되기도 하고."

은정이는 이해가 안 되는 듯 질문을 이었다. "선생님, 결과도 생각하지 않고 성적도 생각하지 않으면 꼭 아무런 목표 없이 시합하라는 것 같아요. 그래도 되는 건가요?"

나는 다시 대답해주었다. "은정아! 우리의 목표는 우승이야. 그런데 말이지,

그 목표를 위해 방법을 달리하자는 거야. 우승하기 위해서 우승한다는 마음을 버리는 거야. 하지만 우리에겐 분명한 목표가 있어! 이런 과정을 잘 실천하기 위해서는 골프 본연의 즐거움을 추구하면 된단다. 상상을 현실로 만드는 성취감, 내 감각의 테스트, 도전에서 오는 스릴감, 경쟁을 통한 흥미, 능력을 뽐내는 설렘, 몰입의 즐거움 등 이런 것들을 즐기는 거야. 골프는 생각한 대로 될 때 재밌잖아. 한 홀 한 홀 공을 가지고 재미있게 논다고 생각하는 거야. 골프가 원래 공놀이잖아. 이게 마음비움이야. 이렇게 결과가 아닌 과정에 집중할 때 성적은 자연스레 따라온단다."

은정이는 그제야 고개를 끄덕였다. 그리고 앞으로는 쓸데없이 욕심을 부리지 않겠다고 약속했다.

7. 새들의 마음

은정이는 상승세를 타면서 골프가 마냥 잘 될 줄 알았다. 생각지 못한 예선 탈락으로 쓰라린 경험을 했다. 하지만 이 또한 한 단계 성장하는 기회였다. 은정이는 이 경험으로 다시는 불필요한 욕심을 안 부리겠다고 다짐했다. 엄마의 태도도 많이 바뀌었다. 예선 탈락으로 시합을 마친 은정이에게 더 이상 질책하지 않았다. 대신에 '괜찮다'라고 말했다. 그리고 '이번 시즌에 너무 잘하고 있다'고 칭찬했다. 엄마는 자신의 행동을 자랑스럽게 이야기했다. 그래서 나 역시 엄마를 칭찬했다. 엄마는 나에게 다시금 고마움을 표시했다. 은정이는 예선 탈락 이후로 다시 제 페이스를 찾았다. 바로 다음 대회에서 탑텐 안에 들었다. 나는 이제 모든 준비가 되었다고 생각했다. 운만 좀 따라준다면 우승도 가능할 것 같았다. 감각게임도 되고, 진짜 자신감도 있어 보이고, 은정이가 욕심에 대해서도 뭔가를 깨우쳤다면 이제 더 이상 바랄 것이 없었다.

연습장에서 다시 만난 은정이는 밝은 표정이었다.

내가 물었다. "요새 기분은 어때?"

"행복해요, 선생님! 골프 실력도 많이 좋아졌고, 시합도 잘 되고, 무엇보다도 엄마가 변해서 너무 좋아요."

엄마를 향한 마음은 조금씩 더 열렸다. 안정되어 보였고, 걱정이 없어 보였다. 은정이가 처음 내게 왔을 때를 생각하면 놀라운 변화다. 은정이를 처음 만난 지 이제 1년 6개월이 되는 시점이었다. 은정이는 또다시 시합에 출전했다. 이번 예선전에서는 3언더파를 기록하면서 단독 2위로 통과했다. 버디 5개, 보기 2개를 쳤다.

은정이에게 물었다. "보기는 어떻게 친 거야?"

"두 개 다 쓰리 퍼팅을 했어요. 하나는 롱퍼팅, 또 하나는 2m 버디 찬스였는데 그걸 보기 쳤어요. 경사가 심한 곳이어서 좀 어렵긴 했어요." 은정이는 버디 찬스에서의 쓰리 퍼팅을 속상해했다.

내가 말했다. "은정아, 골프에서 쓰리 퍼팅은 언제든지 나올 수 있어. 누구도 완벽하게 할 수 있는 것은 아니야. 그러니 쓰리 퍼팅을 한 기억은 다시 떠올리지 마. '나는 퍼팅을 좋아하고 나는 항상 퍼팅을 잘하는 사람이야'라는 생각을 계속 유지했으면 좋겠어."

은정이는 알겠다며 전화를 끊었다. 다음날 은정이는 본선 1라운드를 치렀고, 2언더파를 기록하면서 공동 3위로 올라섰다. 좋은 기록이었다. 우리는 다시 통화했다.

"오늘 경기는 어땠어?"

"좀 아쉬운 경기였어요."

"그래 어떤 점이 아쉬웠던 거야?"

"보기 없이 버디만 두 개 쳤어요. 그런데 버디 찬스가 한 6~7개 정도 나왔는데 그걸 두 개밖에 못 넣은 거예요. 하지만 선생님! 골프가 너무 재미있어요. 퍼팅이 잘 안 들어갔지만 퍼팅하는 게 재미있었어요."

즐거워하는 은정이의 말이 심상치 않게 들렸다. 느낌이 좋았다. 나는 시합장으로 달려갔다. 은정이가 결과에 대한 생각 없이 자신의 게임에만 집중한다면 이제는 우승도 가능하다는 생각이 들었다. 우승을 돕고 싶었다. 숙소 근처에서 은정이, 은정이 엄마와 저녁 식사를 했다. 은정이에게 기분이 어떤지 물었다.

"선생님, 저 잘하고 있는 거 맞죠? 내일 조금 떨릴 것 같아요. 오늘도 사실 조금 긴장됐거든요. '나에게도 우승하는 날이 올까?'라는 생각도 들었고요."

내가 말했다. "은정아 너는 이제 우승할 수 있는 실력이 충분히 되고도 남아. 스윙도 좋고, 멘탈도 좋고 이제는 자격이 돼. 중요한 점은 스스로 우승할 수 있는 실력이라고 인정하는 마음이야. 이 마음이 없으면 어떻게 되는지 알아? 지난번처럼 쓸데없이 욕심을 부리게 돼. 행동은 신중해지고, 긴장감도 커지겠지. 그러니 우승 생각은 안 해도 될 것 같아. 지난번 예선 탈락을 생각해봐. 그때도 미리부터 언더파 치려다가 시합을 망쳤잖아?"

나는 은정이가 자신을 우승할 수 있는 선수로 바라보도록 이야기해주었다. 그리고 또다시 앞서가지 않도록 주의를 주었다. 그리고 골프에 대한 이야기는 짤막하게 끝내고, 골프와 상관없는 주제를 꺼내 대화를 이었다. 친구들 이야기, 좋아하는 아이돌 가수 이야기, 최근에 보았던 영화 이야기 등등. 즐거운 대화 속에 은정이는 시합에 대한 긴장감에서 해방되었다. 엄마에게도 당부했다. 은정이와 이야기할 때, 골프와 관련 없는 대화를 더 많이 하라고 했다. 그래야 시합에 대한 긴장감에서 벗어날 수 있다.

다음 날 최종일, 선두는 4언더파를 기록 중이었다. 그리고 3언더파가 1명, 은정이를 포함해 2언더파가 3명이 있었다. 선두와 두 타 차는 정말 근소한 차이다. 똑같이 출발한다고 봐도 무방하다. 선두가 보기 하나 치고, 은정이가 버디 하나를 치면 바로 동타가 되기 때문이다. 은정이는 오전 8시 30분 티오프를 기다리면서 연습그린에서 몸을 풀었다. 다른 선수들도 퍼팅연습에 여념이 없었다. 코치들이 퍼팅 스트로크를 점검하는 모습이 보였고, 각종 퍼팅연습 도구들을 가지고 연습하는 모습도 보였다. 선수들과 부모들, 그리고 지도자들까지 그린 주위에는 많은 사람이 있었다. 차분한 분위기에 부산한 움직임들은 긴장감을 맴돌게 했다. 은정이에게 다가갔다. 내가 알려준 방법대로 공 하나로 퍼팅연습을 하고 있었다. 공 하나로 하는 연습은 타깃 집중을 돕고 감각적인 퍼팅에 더 집중할 수 있도록 해준다.

은정이에게 말을 걸었다. "느낌이 어때?"

"나쁘지 않아요. 그런데 가슴이 약간 뛰어요." 은정이는 약간 긴장하고 있는 듯했다.

내가 말했다. "여기 그린 위에 있는 수많은 선수를 쭉 한 번 둘러봐."

나는 말을 이었다. "저들도 은정이처럼 가슴이 뛰고 긴장된 마음일 거야. 너 혼자만 그런 것이 아니니까 불안한 마음 갖지 않아도 돼. 그리고 저 선수들이 잘 치면 얼마나 잘 치겠어. 또 구력이 많아 봤자 학생들이 얼마나 많겠어. 은정이 너는 구력도 실력도 절대 밀리지 않으니까 자신감을 갖도록 해."

은정이는 고개를 끄덕였다. 긴장감이 맴도는 가운데 저 멀리서 1번 홀 티샷하는 소리가 들렸다. 때마침 연습그린 뒤편 숲속에서 네댓 마리의 이름 모를 새들이 시끄럽게 지저귀고 있었다. 새들은 자기들끼리 싸우는 중인지, 놀고 있는 것인지 푸드덕푸드덕 날갯짓을 하며 부산한 모습이었다. 나는 새들을 가리켰다. 은정이도 내가 가리키는 방향을 따라 고개를 돌렸다.

"은정아! 저 새들은 오늘 중요한 골프 시합이 열리는지, 그냥 아저씨들이 골프 치러 온 것인지 잘 모르겠지?"

은정이는 웃으며 대답했다. "선생님! 설마 쟤네들이 저를 아저씨로 보겠어요?"

"그래도 어쨌든 시합하는 줄은 모르겠지?" 나는 은정이 말에 받아쳤다.

"쟤네들이 어떻게 알겠어요? 선생님, 왜 아침부터 말도 안 되는 소리를 하고 그러세요?" 은정이는 당황스럽다는 듯 미소 지었다.

"선생님 말 좀 들어봐. 네가 오늘만큼은 저기 새들의 마음이었으면 좋겠어. 무슨 말이냐면 오늘이 시합인지, 연습인지, 그냥 친구들과의 라운드인지 아무런 의미 두지 말고 했으면 좋겠다는 거야."

은정이는 내 말을 듣더니 가만히 서서 멈칫했다. 나는 계속 말을 이었다.

"저 새들은 그냥 자기들끼리 재밌게 놀잖아. 은정이 너도 그냥 즐겁게 골프 치러 온 거야. 특별히 잘 치려고 하지 않아도 되고, 부담 없이 말이야."

은정이는 갑자기 내 말을 막더니 "선생님! 알겠어요! 선생님이 무슨 말씀을 하시려는지 알아요. 이제 예전의 은정이가 아니에요. 선생님! 그 느낌 이제 안다니까요! 내가 좋아하는 골프를 재미있게 하면 되는 거잖아요."라고 말하며 오히려 나를 안심시켰다. 은정이의 대답 속에 확신이 있음을 느꼈다. 나는 더 이상 조언이 필요 없다는 생각이 들어 연습에 집중하도록 그린 밖으로 나왔다. 티오프 시간이 다 되어 1번 홀로 향했다. 은정이 엄마는 가슴을 쥐어 잡고 시합하는 은정이보다 더 긴장된 모습이었다.

내가 말했다. "오늘 은정이 일낼지도 모릅니다. 가만히 지켜만 보세요."

엄마는 그렇게만 된다면 원이 없겠다고 말했다. 은정이가 첫 홀 티샷을 마쳤다. 오른쪽으로 약간 밀리는 샷을 쳤지만 다음 샷에는 지장이 없었다. 은정이는 1번 홀 페어웨이로 나서면서 엄마와 내게 손을 흔들었다. 나도 응답으로 엄지손가락을 치켜세웠다. 은정이 표정에는 자신감이 있었다. 엄마와 나는 멀리서 1번 홀 플레이를 지켜보았다. 은정이는 그린에 공을 잘 올려놓았고 무난히 투 퍼트로 마무리했다. 엄마는 파를 치고 나갔다며 안도의 한숨을 쉬었다. 은정이는 전반 9홀을 2언더파로 넘어갔다. 지금까지는 아주 좋았다. 선두는 1언더파를 쳤고, 은정이와는 한 타 차로 좁혀졌다. 여전히 가능성은 충분했다. 엄마와 나는 9번 홀로 넘어가는 은정이의 모습을 먼발치에서 지켜보았다. 엄마는 은정이에게 다가가고 싶었지만 내가 잡았다. 그리고 그냥 여기 있는 게 좋겠다고 말했다.

은정이는 10번 홀에서 투 온 투 퍼팅에 무난히 파를 기록했지만, 아쉽게도 11번 홀에서 보기를 기록했다. 쓰리 퍼팅이었다. 더군다나 선두는 그 홀에서 버디를 기록했다. 선두와 다시 세 타 차가 되었다. 선두는 좀처럼 무너지지 않았다. 3언더파로 출발한 2위 선수는 OB를 내면서 합계 이븐파로 주저앉았다. 승부는 은정이가 선두를 쫓아가는 모양새가 되었다. 3타차면 아직 포기할 때는 아니었다. 은정이는 12번 파, 13번에서는 다행히 버디를 기록하며 선두와 두 타 차로 좁혔다.

시합 때면 은정이에게 신신당부한 것이 있다. 후반전으로 가면 갈수록 스코어와 랭킹이 궁금하더라도 그것만큼은 철저하게 외면하라고 했다. 왜냐하면 성적이 좋으면 지키려는 마음 때문에 집중이 깨지고, 성적이 안 좋으면 공격적으로 하다가 점수를 까먹기 때문이다. 점수에 대해서는 아무것도 모르는 게 가장 좋다. 자신감이 충만한 선수는 점수를 알아도 개의치 않고 경기할 수 있지만 지금은 아니었다. 나는 은정이에게 카트에 있는 스코어 앱이나 스코어 카드에 절대로 눈을 돌리지 말라고 했다. 은정이는 이제 14번 홀 티잉 그라운드에 올라섰다.

8. 중요한 퍼팅도 없고 중요하지 않은 퍼팅도 없다

14번 홀은 길고 어려운 파 4였다. 페어웨이에 살짝 올라온 언덕을 넘기면 미들 아이언을 쳐도 되지만, 넘기지 못하면 유틸리티나 우드를 잡아야 했다. 은정이와 나는 이 홀에서 욕심을 내지 않고 안전하게 파만 만들자고 했다. 은정이는 타샷에서 무리하지 않았고 평소 리듬대로만 쳤다. 페어웨이로 잘 보냈다. 한편 선두를 달리고 있는 선수는 힘을 주어 때렸는지 훅이 나버렸고, 왼쪽 러프에 빠졌다. 은정이는 속으로 반가웠다. 마음 한편에서 상대의 실수를 기다렸다. 그런데 이런 마음이 정작 자신의 샷에 집중하지 못하도록 만들었다. 세컨드 샷에서 그만 뒤땅을 치고 말았다. 30m 어프로치샷을 했다. 순간 아차 싶었다. 은정이는 다시 자신의 플레이만 집중하자고 다짐했다. 상대 선수 역시 러프에서 쳐서 그린 좌측 벙커로 빠져버렸다. 상대도 위기를 맞았다.

은정이는 어프로치샷에 집중했다. 샷 하기에 앞서 탄도를 마음으로 그렸다. 그린에 떨어지는 모습, 공이 굴러가는 모습까지 상상했다. 완전한 타깃집중으로 샷을 했다. 부드러운 터치로 들어간 클럽은 잔디를 살포시 쳐내며 공을 예쁘게 띄웠다. 그리고 공은 홀 1m 부근에 떨어졌다. 성공적인 어프로치샷이었다. 은정이는 안도하며 무난히 파를 기록했다. 상대도 선두답게 만만치 않았다. 벙커샷을 친 공이 핀 바로 옆에 떨어진 후 2m 정도 부근에 멈춰 섰다. 쉽지 않은 퍼팅이었지만 다행히 파 세이브에 성공했다. 여전히 두 타 차였지만 챔피언 조답게 막상막하의 실력이었다. 은정이는 15, 16번 홀에서 무난하게 파를 기록하며, 합계 4언더파로 17번 홀에 올라섰다. 선두는 여전히 6언더파를 유지하고 있었다. 나머지 3위 그룹은 2언더파 한 명, 1언더파가 3명이었다. 은정이의 플레이는 순조로웠다. '골프는 장갑을 벗어봐야 한다'는 말이 있듯이 결과를 속단하기는 일렀다.

17번 165m 파 3홀. 오너를 잡고 있는 은정이는 4번 유틸리티 클럽을 선택했다. 평소에는 5번 유틸리티 클럽을 잡았지만 핀도 뒤쪽에 있었고 앞바람이 느껴져서 4번을 선택했다. 이 홀은 왼쪽에 해저드가 있고, 오른쪽에는 벙커가 있다. 제법 티샷이 부담스러웠다. 은정이는 마음을 가다듬었다. 그리고 아무 생각 없이 타깃에만 집중하기로 마음먹었다. 티를 꽂고 샷을 준비했다. 핀보다 약간 오른쪽에 있는 나무를 겨냥했다. 은정이는 훈련한 대로 타깃으로 날아가는 공을 느끼며 집중했다. 샷을 하자 공이 힘차게 떠올랐다. 은정이는 순간 좋은 느낌을 받았다. 임팩트에서 전달되는 느낌이 아주 경쾌했다. 공은 핀을 향해 날아갔다. 은정이의 표정이 밝아졌다. 핀 옆에 3m 정도 부근에 공이 떨어졌다. 충분히 버디를 노릴 수 있는 거리였다. 선두를 달리고 있는 선수는 멈칫하면서 클럽을 바꾸었다. 아이언 클럽을 잡고 있었는데 캐디에게 유틸리티 클럽을 요구했다. 아마도 은정이 샷을 본 후 마음이 바뀐 것 같았다. 은정이는 상대가 치는 모습을 보지 않았다. 왜냐하면 아무것에도 신경 쓰지 않고 자신의 플레이만 신경 쓰자고 다짐했기 때문이다. 상대 선수가 마침내 티샷을 했다. 공이 바람을 가르며 떠올랐다. 그런데 공 끝이 왼쪽으로 휘었다. 한 번 튕기더니 그만 왼쪽 해저드로 빠지고 말았다. 은정이는 상대 선수의 플레이가 어떻게 되었는지도 모른 채 그린으로 향했다.

은정이는 상대 선수가 해저드 부근에서 공을 찾는 모습을 보고서야 공이 물에 빠진 것을 짐작했다. 상대 선수는 드롭한 후 20m 정도 거리에서 어프로치샷을 시도했다. 공은 정확히 홀 쪽으로 굴렀고 1m 부근에 멈춰 섰다. 좋은 샷이었다. 은정이는 상황이 자신에게 유리하게 돌아가고 있음을 느꼈지만 신경 쓰지 않았다. 자신의 플레이에 집중하지 않으면 실수할 수 있음을 잘 알고 있었다. 은정이는 경사를 보면서 퍼팅을 준비했다. 왼쪽에서 오른쪽으로 휘는 슬라이스 경사였다. 거리는 3m 정도로 버디가 충분한 거리였다. 은정이는 경사를 보는 순간 라인을 그렸다. 나는 그동안 처음 눈에 들어오는 경사가 더 정확할 수 있으니, 라인이 확실하게 느껴지면 더 고민하지 말라고 가르쳤다. 감각대로 가라고 주문했다. 은정이는 그 순간 내 말을 떠올렸다. 은정이는 자신이 본 퍼팅라인을 믿었다. 그리고 주저하지 않고 공을 쳤다. 스트로크는 부드러웠다. 공은 살짝 약한 듯했지만 내리막 경사를 따라 흘러 흘러갔다. 그리고 마지막 순간에 톡 떨어졌다. 그렇게 기다리던 버디가 나왔다. 상대 선수는 보기를 기록하며 한 타를 까먹었다. 은정이는 버디를 기록하며 합계 5언더파가 되었다. 은정이는 단번에 공동 선두로 올라섰다.

이제 마지막 한 홀만 남겨두고 있었다. 은정이가 첫 우승을 하느냐 못 하느냐는 이 한 홀에서 판가름 난다. 물론 동타로 끝나면 연장전을 치른다. 마지막 18번 홀은 티샷만 잘 쳐 놓으면 비교적 쉽게 플레이되는 홀이다. 하지만 오늘은 마지막 날이라 그런지 핀은 조금 어려운 곳에 꽂혀 있었다. 은정이는 전 홀에서 버디를 기록했기 때문에 먼저 티샷을 준비했다. 무난하게 드라이버를 쳐냈고 페어웨이 살짝 오른쪽에 공을 갖다 놓았다. 상대 선수도 티샷을 꽤 잘 쳐 놓았다. 은정이의 볼은 그린으로부터 110m 정도에 있었고, 상대 선수의 볼은 100m 부근에 있었다. 상대의 티샷이 조금 더 나갔지만 은정이는 신경 쓰지 않았다. 경기 결과에 조금도 영향을 미치는 것이 아님을 은정이는 잘 알고 있었다.

은정이가 세컨드 샷을 준비하기 위해 공 앞에 섰다. 그린은 약간 언덕 위에 있었고 핀은 우측 뒤쪽에 있었다. 뒤쪽 핀을 알리는 파란색 깃발이 오른쪽에서 왼쪽으로 펄럭이고 있었다. 바람이 꽤 불었다. 은정이는 바람을 체크하며 타깃을 설정했다. 은정이는 핀을 직접 겨냥하기로 마음먹었다. 바람이 오른쪽에서 왼쪽으로 불었지만 핀이 그린의 오른쪽에 치우쳐 있었기 때문에 공이 가운데 쪽에 떨어지기를 기대했다. 자칫 버디 욕심을 가지면, 바람을 생각해서 핀 우측을 겨냥할 수 있다. 그래서 바람을 타고 핀에 붙기를 바라겠지만 골프는 그렇게 생각대로 되지 않는다. 오히려 미스샷으로 인해 온 그린이 안 되면, 보기 위기를 맞이한다. 은정이는 이런 판단을 잘했고, 단지 그린 온을 목적으로 타깃을 정했다.

은정이는 생각대로 세컨드 샷을 잘 쳐냈다. 핀을 향해 날아가던 볼은 살짝 핀 왼쪽으로 떨어져 그린에 안착했다. 6m 정도 거리를 남겼다. 그린 뒤에서 샷을 지켜보던 엄마는 '긴장돼서 못 보겠다'고 했다. 나도 긴장되기는 마찬가지였다. 하지만 은정이는 그린에 올라오기까지 공동선두인지 몰랐다. 나와의 약속을 잘 지켰다. 은정이는 스코어와 랭킹에 집착하지 않았고, 상대 선수도 신경 쓰지 않았으며, 오로지 자신이 해야 할 일에만 집중했다. 상대가 드디어 세컨드 샷을 쳤다. 그린 뒤에서 보고 있자니 공이 심상치 않게 날아왔다. 공은 2m 안 되는 지점에 떨어졌다. 그리고 바로 백스핀을 먹고 멈춰 섰다. 갤러리들 사이에서 작은 탄성이 흘러나왔다. 그리고 저마다 한마디씩 하며 웅성거렸다.

이제 퍼팅에서 결판이 나게 생겼다. 하지만 은정이가 약간 불리한 상황이었다. 훨씬 더 먼 거리를 남겨두었기 때문이다. 은정이는 그제야 순위를 파악하고 그린 플레이만 남았다는 사실을 인지했다. 은정이는 가슴이 두근거렸다. 그리고 은정이는 그린 경사를 파악하느라 분주하게 움직였다. 그 모습을 지켜보고 있던 엄마는 두 손을 꼭 모으고 초조하게 경기를 지켜봤다. 나 역시 초조하기는 마찬가지였다. 마음에서는 은정이가 퍼팅에 성공해서 우승하기를 바랐지만 쉬운 일이 아니었다. 그저 기다릴 수밖에 없었다. 하지만 내가 바라는 바가 있다면 지금 이 순간이 중요하다고 해서 더 신중한 모습으로 퍼팅하지 않았으면 했다. 그것은 그동안 은정이랑 나와 그토록 많이 이야기했던 부분이었다. 더 중요한 순간이라고 생각되면, 더 평범하게, 더 무의미하게, 더 단순하게 하라고 일러 주었다. 이 말을 기억하고 있을 것이라 믿었다.

　남은 퍼팅은 좌측에서 우측으로 휘는 슬라이스 경사였다. 홀 쪽에서 약간 내리막 경사가 있어서 두 발짝 정도는 왼쪽으로 겨냥해야 했다. 쉽지 않은 퍼팅이었다. 거리는 예닐곱 발걸음 정도였다. 은정이가 먼저 퍼팅을 준비했다. 나는 약간 기대를 걸어볼 만하다는 생각이 들었다. 왜냐하면 은정이의 행동은 거침이 없었고, 바라는 대로 더 신중한 모습은 보이지 않았기 때문이다. 직관적인 감을 믿고, 느낌의 흐름대로 따라가고 있었다. 은정이는 마지막 퍼팅을 준비하면서 그동안 해온 대로 똑같이 하리라 다짐했다. 은정이는 퍼팅라인을 상상했다. 공이 홀에 빨려 들어가는 모습을 마음의 눈으로 보았다. 이제 의심 없이 실행하는 일만 남았다. 은정이는 자기암시 문장을 속으로 중얼거렸다. '나는 퍼팅을 잘하는 사람이다. 나에게 중요한 퍼팅도 없고 중요하지 않은 퍼팅도 없다.' 갤러리들은 쥐죽은 듯 조용했고, 은정이는 백스윙을 시작했다. 드디어 공이 움직이기 시작했다. 퍼터를 떠난 공은 곡선을 그리며 굴러갔다.

9. 마지막 승부

　공은 점점 홀을 향해 휘기 시작했다. 홀에 다가갈수록 갤러리들 사이에서 웅성대는 소리가 흘러나왔다. 홀인을 기대하는 소리였다. 공은 예상 라인대로 예쁘게 굴러갔다. 순간 들어가겠다는 느낌이었다. 엄마는 긴장된 모습으로 손을 꼭 쥐었다. 공은 점점 속도를 줄였다. 그런데 아 이런 젠장, 홀 앞에서 멈추는 것이 아닌가! 아 진짜, 잘 쳤는데 말이다. 사람들도 아쉬웠는지 탄성이 터져 나왔다.

엄마는 나를 보며 안 들어간 거냐고 물었다. 엄마는 공이 굴러가는 동안 눈을 감아버렸다. 나는 들어가지 않았음을 알렸다. 엄마는 '그럼 어떻게 되는 거냐고 재차 물었다. 나는 상대 선수의 퍼팅을 기다려보자고 했다.

갤러리의 말소리가 잠잠해졌다. 상대 선수가 퍼팅을 준비하고 있었다. 퍼팅라인은 약간 오르막에 슬라이스 경사였다. 2m 정도의 퍼팅이라 성공 확률이 높아 보였다. 들어간다면 선수가 노력한 결과라고 생각하며 애써 마음을 비웠다. 퍼팅하는 순간, 나는 땅을 쳐다보며 애꿎은 잔디만 발로 비볐다. 내심 빠지길 바라고 있었던 모양이다. 드디어 퍼팅했다. 공은 홀을 향해 힘차게 출발했다. 아 그런데 살짝 비켜 가는 게 아닌가. 은정이에게 다시 기회가 왔다. 나는 기쁨을 감추지 못했다. 퍼팅이 들어가기를 소망했던 사람들도 주위에 있었기에 나는 감정을 추슬렀다. 엄마도 표정을 보니 나와 같은 마음이었다.

그 선수는 퍼팅을 꼭 넣고 싶은 마음에 '짧지 않게 치자'는 생각을 했던 것 같았다. 그 선수 역시 아쉬워했다. 그럴 만했다. 거의 우승할 뻔했으니까 말이다. 가볍게 파로 마무리한 두 선수는 연장전을 준비했다. 스코어 카드를 제출하고 나온 은정이는 경기위원과 함께 다시 카트로 이동했다. 나는 엄마한테 은정이를 살짝 보고 오라고 말했다. 엄마는 알겠다면서 급히 은정이에게 향했다. 그리고 몇 마디 나누더니 나를 가리켰다. 은정이가 나를 찾았던 모양이다. 나는 먼발치에서 은정이와 눈이 마주쳤다. 나에게 손을 흔들어 주었다. 나는 아주 잘하고 있음을 말해주기 위해 엄지를 치켜세웠다. 은정이는 여전히 자신감이 있었다.

엄마가 돌아와 말했다. 별로 긴장되지 않는다고 했다. 해볼 만한 게임이라고 생각했다. 두 선수는 이제 다시 18번 홀 티잉 그라운드로 향했다. 은정이가 먼저 티샷을 준비하는 모습이 보였다. 먼발치에서 은정이가 티샷하는 장면을 지켜보았다. 은정이는 스윙했고, 공이 떠올랐다. 페어웨이 중앙에 잘 떨어졌다. 일단 안도했다. 정말 한 샷 한 샷이 손에 땀을 쥐게 했다. 상대 선수가 티샷한 공도 무난하게 잘 날아왔다. 이번에는 두 선수의 공이 페어웨이에 같은 선상에 있었다. 은정이가 세컨드 샷을 먼저 준비했다. 공이 이번에도 약간 뒤에 있는 듯 보였다. 세컨드 샷을 준비하는 은정이의 프리 샷 루틴에 주목했다. 흔들림 없이 훈련한 대로 잘하고 있었다. 마음속에서 '은정아 잘하고 있구나. 너는 해낼 수 있어!'라고 외쳤다.

은정이가 세컨드 샷을 쳤다. 이번에도 안전한 공략을 선택했다. 그린 중앙 쪽으로 공이 떨어졌다. 그러나 공은 조금 길게 굴렀고 아까보다는 조금 먼 퍼팅을 남겼다. 아쉬웠지만 그래도 실수 없이 왔으니 만족했다. 엄마는 "좀 더 핀 쪽으로 치면 좋았을 걸." 하면서 나보다 더 아쉬운 눈치였다. 상대 선수도 이내 세컨드 샷을 쳤다. 이번엔 은정이 위치와 비슷한 곳에 멈췄다. 거리는 아까보다 좀 더 길게 남아 8m 정도는 되어 보였다. 경사가 좀 있어 보였다. 누가 가까운지는 아직 알 수 없었다. 어쨌든 이제 다시 퍼팅 싸움만 남았다. 두 선수 모두 원 퍼트로 마무리하기에는 조금 어려워 보였다. 재연장전을 가지 않을까 생각했다. 은정이는 그린으로 향했다.

이제 두 선수는 퍼팅으로 마지막 승부를 겨룬다. 조금 뒤면 결과가 판가름 난다. 선수들을 태운 카트가 그린으로 향하는 동안, 갤러리들이 각자 한마디씩 하느라 시끌벅적했다. 두 선수가 그린에 도착했을 때 '화이팅!'을 외치는 소리가 들렸다. 두 선수는 서둘러 경사를 살폈다. 은정이는 좀 전에 했던 퍼팅보다 약간 더 길고, 더 많은 경사를 봐야 하는 위치에 있었다. 남은 거리가 비슷했기 때문에 여전히 누가 먼저 쳐야 하는지는 모르는 상황이었다. 두 선수가 대화하는 모습이 보였다. 아마도 누가 먼저 칠지를 결정하는 것 같았다. 서로 비슷한 위치에 있어서 치는 순서가 중요했다. 아마도 나중에 치는 사람이 유리할 것이다. 상대 선수가 경사를 살피려고 공 뒤에 앉았다. 먼저 치기로 한 모양이다. 상황은 은정이에게 유리했다.

갤러리 사이에서 또다시 상대 선수의 이름과 함께 '화이팅!'을 외치는 소리가 터졌다. 저들도 응원하는 선수가 성공하기를 간절히 바랐다. 나는 그 소리가 귀에 거슬렸지만, 마음속으로 은정이를 응원했다. 공 앞에서 경사를 살피던 상대 선수가 다시 반대편 쪽으로 향했다. 다시 경사를 확인했다. 선수는 쪼그려 앉더니 홀을 향해 한참을 바라보았다. 그리고 다시 공이 있는 곳으로 향했다. 선수는 중간 지점에서 쪼그려 앉았다. 옆 경사를 확인했다. 고개를 푹 숙인 채 꽤 신중했다. 이번엔 꼭 성공해서 승부를 결정지으려는 듯했다. 상대 선수는 지금 이 퍼팅이 얼마나 중요한지 잘 알고 있었다. 더욱 신중한 태도로 반복해서 경사를 확인했다.

나는 이 순간만큼은 확실히 은정이 편이었다. 상대 선수가 쓰리 퍼팅을 했으면 좋겠다고 생각했다. 나도 어쩔 수 없는 사람인지라 우리 편의 성공만 바랐다. 요리조리 한참을 살피던 선수는 드디어 공 앞에 섰다. 웅성거리던 사람들이 다시 숨을 죽였다. 긴장감이 맴돌았다. 선수는 조금 뜸을 들이는가 싶더니 공을 굴렸다. 공이 출발하는 모습이 보이자 경사를 약간 덜 보지 않았나 싶었다. 공은 곡선을 그렸고 예상대로 홀 안쪽 옆으로 살짝 비켜 갔다. 다행이라 생각했다. 갤러리의 아쉬운 탄성 소리가 터졌다. 공은 1m 조금 넘은 지점에 멈췄다. 나는 바로 은정이의 모습을 살폈다. 은정이는 상대 선수의 라인을 살폈다. 나중에 치는 선수의 장점을 살리는 중이었다.

나는 은정이가 라인을 확실하게 볼 수 있을 것이라 생각했다. 사실 은정이는 연장전에 들어가기 전 18번 홀에서 비슷한 위치에 있었다. 그때 퍼팅은 들어가지 않았지만 거의 완벽했다. 게다가 상대 선수가 이미 라인을 보여주었기 때문에 유리한 상황이었다. 상대 선수의 퍼팅하는 모습은 매우 신중했던 반면, 은정이는 확연하게 달랐다. 반대편 쪽에서 경사를 살피긴 했지만 가볍게 보았고, 옆 라인은 살피지도 않았다. 은정이는 감각을 믿었고 주저함이 없었다. 은정이 행동은 평소와 다르지 않았다.

은정이가 볼 뒤쪽으로 와서 쪼그려 앉았다. 이런 순간에는 퍼팅라인을 마음속으로 확실하게 그려야 한다고 강조했다. 공이 들어가는 모습까지 상상해야 한다고 가르쳤다. 은정이는 이제 퍼팅할 준비가 끝났다. 성공하면 우승이다. 은정이는 우승 생각에서 벗어나고자 했다. 주어진 과정에만 집중해야 할 순간이다. 다른 생각은 도움이 되지 않는다는 점을 알고 있었다. 어드레스를 취하자 다시 정적이 흘렀다. 고요한 분위기 속에 까치 한 마리가 그린 위로 휙 하니 날아들었다. 은정이는 공 앞에 섰고, 연습 스윙을 했다. 스탠스를 취했다. 다시 시선이 홀로 향했고, 양발을 움직였다. 다시 시선은 땅을 향했고, 퍼터를 공 뒤에 두는가 싶더니 이내 다시 홀을 바라보았다. 그리고 재차 발을 움직였다.

은정이는 공과 홀을 번갈아 보면서 확실하게 느낌을 찾아갔다. 나는 은정이의 행동에 안도했다. 본능적 감각에 집중하는 모습이었다. 저것이 바로 내가 강조하는 반응이며, 반사적 행동이다. 은정이는 마음을 다스리며 생각했다. '보이는 대로 서면 되고, 느끼는 대로 치면 된다. 느낌을 믿자. 그냥 눈이 시키는 대로 하면 돼. 눈이 말하는 대로 가면 되는 거야.' 은정이는 긍정과 자신감으로 마음을 채웠다. 끝까지 집중을 놓치지 않고 백스윙을 시작했다. 그리고 공은 퍼터를 떠났다. 경사가 좀 있어서 공은 홀보다 한참 위로 출발했다. 좋은 출발이었다. 은정이는 생애 첫 우승 앞에 있었다. 은정이는 그 순간 아빠가 떠올랐다. 아빠한테 골프를 처음 배운 날이 주마등처럼 스쳤다.

10. 행복을 찾은 은정이

은정이는 초등학교 4학년 때 골프를 시작했다. 아빠와 함께 처음 가본 골프연습장은 신세계였다. 그물망도 신기했고, 공이 날아가는 것도 신기했다. 사람들이 어떻게 저렇게 공을 잘 맞추는지도 신기했다. 골프공을 손에 쥔 은정이는 공이 곰보처럼 생긴 줄도 처음 알았다. 은정이는 아빠에게 자기도 공을 쳐보겠다고 말했다. 아빠는 그립 쥐는 법을 간단히 알려주었고 마음대로 쳐보라고 했다. 은정이는 아저씨들이 하는 모습을 흉내 내면서 공을 치기 시작했다. 잘 맞을 리 없었다. 헛스윙을 한두 번 한 후에야 겨우 공을 맞혔다. 하지만 공은 땅으로 굴렀다. 은정이는 잘 맞지도 않는 공을 연거푸 쳤다. 어쩌다 한 번 공이 떠오르면 은정이는 '아빠! 떴어, 떴어!'를 외치면서 신이 났다. 재미가 붙은 은정이는 공을 띄우려고 안간힘을 썼다. 하지만 좀처럼 뜨지 않았다. 은정이는 이내 지치고 말았다. 어떻게 해야 공을 띄울 수 있냐고 아빠한테 가르쳐달라고 졸랐다. 아빠는 기본자세부터 알려주었다.

"공을 무조건 세게 친다고 많이 나가는 게 아니란다. 자세를 잘 잡아야 해."

은정이는 다소 진지해졌다. 배운 대로 다시 공을 치기 시작했다. 공을 몇 개 더 굴리더니만 다시 공이 떠올랐다. 은정이는 또다시 '아빠! 아빠!'를 외치면서 발을 동동거렸다. 은정이는 그렇게나 신나 했다. 마치 주인 만난 강아지처럼 그렇게 좋아할 수가 없었다. 공이 떠오를 때마다 '아빠! 아빠!'를 외쳐댔다. 은정이는 그렇게 아빠를 따라다니면서, 연습하는 시간이 가장 즐거웠다. 그래서 아빠만 보면 연습하러 가자고 졸라댔다. 딸의 성화에 못 이긴 아빠는 은정이를 연습장에 자주 데리고 다녔다. 그렇게 골프를 배우기 시작한 은정이는 아빠와 함께 행복한 나날을 보냈다.

그러던 어느 날, 은정이에게 불행한 소식이 들이닥쳤다. 아빠가 교통사고를 당했다. 밤에 횡단보도를 건너다 음주운전 차량에 부딪혀 머리를 크게 다쳤다. 은정이와 엄마는 갑작스러운 사고 소식에 큰 충격에 휩싸였다. 수술을 두 번이나 했지만, 의식은 돌아오지 않았다. 아빠는 병원에 두 달째 누워있었다. 은정이는 날마다 슬퍼했다. 아빠와 함께 더 이상 골프 연습을 할 수 없었다. 아빠가 꼭 깨어나게 해달라고 기도했다. 아빠랑 다시 골프연습장에 갈 수 있기를, 아빠가 빨리 낫기를 기도했다. 하지만 결국 아빠는 깨어나지 못했다. 아빠는 하늘나라로 가버렸다. 은정이는 마침내 엉엉 울었다. 날마다 눈물이 나왔다. 아빠가 없어졌다는 사실을 믿을 수가 없었다. 골프장에도 갈 수 없었다. 더 이상 아빠를 볼 수 없다는 사실이 믿기지 않았다. 은정이는 엄마와 부둥켜안으며 하염없이 울었다.

은정이는 18번 홀에서 마지막 퍼팅하는 순간, 그렇게 아빠가 떠올랐다. 아빠랑 함께한 골프장의 기억은 이제 아련한 추억이다. 사실 은정이는 오늘 이렇게 공을 잘 띄우고 있는 모습을 아빠한테 자랑하고 싶었다. 금방이라도 발을 동동 거리며 '아빠! 아빠!'를 외치고 싶었다. 마음속에 아빠를 그렸다. 아빠가 보고 싶었다. '아빠가 보셨다면 분명 기뻐하셨을 거야. 아빠 나 잘하고 있지? 하늘나라에서 나 응원하고 있지? 보고 있는 거지? 아빠! 아빠 사랑해!'

은정이가 퍼팅한 공은 빠르게 출발했다. 그리고 이내 곡선을 그리며 꺾이기 시작했다. 공은 왼쪽에서 오른쪽으로 서서히 휘기 시작했다. 이것이 만약 들어간다면 은정이는 챔피언이 된다. 여전히 사람들은 숨을 죽이며 공의 흐름을 쫓았다. 홀까지 굴러가는 시간이 꽤 길게 느껴졌다. 공은 이제 홀을 향해 내려오고 있었다. 속도가 점점 줄긴 하지만 여전히 홀을 향했다. 느낌이 좋았다! '또다시 홀 앞에서 멈추지 않겠지.' 제발 그런 일이 또다시 나오지 않기를 간절히 바랐다. 그런 생각이 맴돌 때 '들어가라! 들어가라!' 하는 갤러리의 말소리가 흘러나왔다. 잠시 후 '우와!' 하는 함성소리로 바뀌었다. 그렇다. 공은 들어갔다. 은정이는 퍼터를 팽개치며 두 손을 번쩍 추켜올렸다. 생애 첫 우승이었다. 옆에 있던 엄마는 주저앉았다. 나 역시 감격을 억누를 수 없었다. 그동안 많은 선수들이 우승했지만 이렇게 기쁜 적은 없었다. 엄마를 일으켜 세우며 축하한다고 말했다. 엄마는 여전히 기쁨에서 헤어 나오지 못하고 말없이 흐느꼈다.

시상식을 마친 그날 저녁, 우리는 함께 저녁 식사를 했다. 은정이는 밥을 먹는 내내 쉼 없이 떠들었다. 경기했던 세세한 내용 하나하나 전부 이야기해주고 싶었던 모양이다. 1번 홀에서 어쩌고, 2번 홀에서 어쩌고... 은정이는 신이 나서 말을 이었다. 그렇게 행복해 보일 수가 없었다. 흐뭇했다. 모녀간에도 쌓였던 벽이 허물어져 가는 듯했다. 이제 드디어 다정한 엄마와 딸처럼 보였다. 은정이는 엄마 사랑에 굶주리지 않아도 되고, 홀로 방에서 힘들어하지 않아도 되며, 골프로 힘든 시간을 보내지 않아도 된다. 모든 걱정이 사라진 은정이는 이제 희망찬 미래를 보았다.

나는 마냥 행복해하는 은정이를 보면서 강아지 '행복'이가 떠올랐다. 추운 겨울에 사람들을 외면할 수밖에 없었던 강아지. 배고픔에 시달려야 했고, 차가운 바람에 고통받아야 했던 그 강아지. 따뜻한 보일러실에서 펄쩍펄쩍 나를 반겨주던 강아지. 은정이는 지금 따뜻한 보일러실에서 펄쩍펄쩍 뛰며 나를 반기는 중이다. 은정이에게도 '행복'이 찾아왔다.

끝.

〈부모님 독후감〉 '골프선수 은정이'를 읽고

고등학교 1학년 아마추어 선수 어머니

아침부터 차에서 아이를 기다리며 마음을 달래기 위해 밴드에 올라온 글을 읽었네요. 긴장감, 슬픔, 행복감 이 모든 것이 똑같이 감정이입되어 눈물을 펑펑 쏟으면서 〈골프선수 은정이〉를 금세 읽었습니다. 아직 제가 부족하다는 걸 느끼고 저 또한 아이에게 닦달하지는 않았는지 반성해봅니다. 요즘 들어 "골프가 옛날만큼 재미가 없어"라는 아이의 말이 머릿속에서 떠나질 않네요. 우리 아이도 예선 통과, 스코어, 등수에만 신경 쓰고 '더 잘해야지' 하는 생각에 많이 부담스러운가 봐요. 어떤 조언을 해줘야 하는지, 마음 편히 치라고 얘기하면 그 말이 더 잘 치란 소리로 들린답니다. 제가 마음이 덜 비워져서 그 말 속에 '더 잘 쳐라!'는 뉘앙스가 담겨 있는지 걱정됩니다.

이번 시합에 규연(가명)이가 16번 홀까지 5언더를 치고 있었어요. 당연히 만 3년이 안 된 아이의 베스트 스코어였죠. 그런데 17번 홀에서 더 잘 치고 싶은 욕심이 생겼대요. 그래서 결국 보기로 마무리했습니다. 18번 홀에서 파 온을 해서 10m 정도의 퍼팅이 남았는데, 엄마가 보고 있다는 걸 알고 또 욕심이 났대요. 버디를 할 수 있었지만 쓰리 퍼팅해서 또 보기를 했어요. 그래서 결국 3언더로 경기를 마무리했답니다. 아이가 경기 끝나고 이렇게 말하더라고요.

"엄마, 나 16번까지 〈골프선수 은정이〉처럼 타수에 집착하지 않고 매 홀 루틴과 퍼팅라인을 생각하며 쳤어요. 17번부터 버디를 더 칠 수 있을 것 같아서 계속 언더만 생각하면서 쳤어요." 이 두 홀에서 마음비움이 안 되었던 걸 본인이 느꼈나 봐요. 저는 규연이가 골프를 시작하면서 골프에 관심을 가졌어요. 아직도 세세한 얘기를 하면 골프에 대해 잘 모르는 부분도 많답니다. 아이가 2년 차일 때 계속 80대에 머물러 싱글이 안 되길래 '왜 싱글이 안 나오냐?'며 같이 시작한 친구와 비교했어요. "그 친구는 전지훈련도 안 갔는데 싱글을 치더라. 왜 너는 계속 OB가 나냐?" 이런 문제로 많이 다투기도 하고 상처가 될 말도 많이 했어요. 2년 차 전지훈련 때 아이는 엄마 때문에 이 악물고 훈련했다더군요. 시간이 지나니 제가 참 어리석었음을 느꼈어요. 이젠 비교하지 말고, 라운드 끝나고 타수도 묻지 않기로 결심했습니다. 시간이 지나니까 아이가 이런 말을 하더라고요. 친구들 중 라운드 후 혼내지 않는 부모는 저희밖에 없대요. 그래서 계속 마음을 잡았습니다.

그래도 사람인지라 예선에서 탈락하는 아이를 보니 조바심에 "스코어를 유지해야지." "OB는 언제쯤 안 날까?" 농담처럼 편안하게 이런 얘기들을 했어요. "예선 통과하면 뭐 하자, 뭐 사줄게." 하며 조건을 걸기도 했지요. 동기부여가 될 것 같다는 제 생각이 아이에게는 점점 부담이 되었을지도 모릅니다. 아이가 골프하기 전 학업에 매진하던 때 성적으로 많이 싸웠어요. 운동을 시작하면서 많이 버렸다고 생각했는데 운동도 결과를 내야 하는지라 다시 아쉽고 더 잘했으면 하는 마음이 생깁니다. 〈골프선수 은정이〉를 읽으면서 '아직 마음비움이 덜 되었구나. 내 욕심을 빨리 없애고 아이를 더 온전히 이해해주자. 스코어보다 매 홀 집중한 것에 칭찬하자'고 다짐합니다. 몇 번 더 정독하고 정독해서 저부터 마음비움을 실천하는 엄마가 되겠다고 다짐합니다.

20대 초반의 세미프로 선수 어머니

〈골프선수 은정이〉 이야기가 가슴에 확 와 닿았습니다. 글을 읽으면서 저희 아이 생각이 많이 나더라고요. '우리 아이한테 했던 말인데.' 하는 생각도 계속 들었고요. 아이에게 골프를 시키면서 저 역시 그랬던 것 같아요. 아이가 고등학교에 올라가면 조금은 철이 들어 연습할 때 집중력이 좋아질 것으로 생각했습니다. 시합 성적도 잘 나올 거라는 막연한 기대를 해서 그런지 하루하루 아이한테 잔소리만 늘어났습니다. 부모가 보기에는 아이가 골프에는 집중하지 않고 대충대충 하는 것 같았습니다,

아이는 일주일 후 시합인데도 친구들과 미리 약속을 잡아 놓고 노는 계획을 세우곤 했어요. 엄마랑 싸워서라도 꼭 놀아야 하는 아이였습니다. 아이는 엄마가 친구를 못 사귀게 한다고 생각했습니다. 이렇게 아이와 티격태격하다 보니 고1에서 고3 동안 아이의 성적은 왔다 갔다 했답니다. 엄마 마음만 급한 것 같았고 우리 아이는 태평해 보이더라고요. 고3 때 아이의 생일이 지난 후 아마추어 자격으로 3부 시합에 참가 신청을 했습니다. 그런데 시합 2~3일 전에 몸을 약간 다쳤습니다. 그래도 아이는 시합에 나갔지만, 예상대로 시드전에서 예선 탈락을 했습니다. 그 뒤로 아이의 자신감은 점점 더 떨어졌습니다.

힘들게 세미프로는 되었지만 3부 투어에 가면서 시드전 예선 탈락을 밥 먹듯이 했습니다. 어쩌다가 잘해서 챔피언 조에 가면 둘째 날은 못 쳤습니다. 친구들은 거의 정회원이 되어서 정규투어 시드전에 가고, 우리 아이는 아직 정회원 취득을 못 하고 어느덧 골프 경력만 9년입니다. 올 한 해가 지나가면 10년이 되겠지요. 제 기억에 9년이란 세월 동안 우리 아이랑 해오면서 '골프 때려쳐라!'라는 말을 제일 많이 했던 것 같네요. 골프채 잡은 지 10년 다 되어 가는데 이렇게

해서 정회원을 취득할 수 있을지, 경제적인 부분도 어려워지고, 학교 다니면서 제대로 시합할 수 있을지? 아이가 스스로 포기하면 어쩌나? 걱정이 많이 됩니다.

어느 날 아이가 울면서 이렇게 말을 하네요. "엄마, 나 골프를 꼭 해야 하는 거야? 내가 골프를 잘하는 거야? 골프에 감도 없고 못하나 봐. 아빠가 꼭 나를 테스트하는 기분이 들어. 내 입에서 '골프 안 할래요!'라고 말하게 하는 것 같아!" 아이가 지금까지 골프하면서 이렇게 안 좋은 말을 많이 적이 없었어요. 문득 '왜 엄마인 내가 우리 아이에게 응원을 안 했을까?'라는 생각이 들었습니다. 예전에는 아이보다 제가 나서서 '이렇게 해라, 저렇게 해라.' 했지만 지금은 아이 스스로 생각하고 정리하도록 합니다. 조급한 마음에 그때는 잘 모르고, 세월이 흐른 뒤에서야 후회만 하고 있네요. 〈골프선수 은정이〉를 읽고 알게 되었습니다. 앞으로 좀 더 여유를 갖는 엄마가 되도록 노력하겠습니다.

사랑하는 우리 아이들

아이들을 너무 가르치려 들지 마세요.
아이들은 스스로 느끼고 생각하는 능력을 가지고 있답니다.

이이들을 너무 변화시키려 하지 마세요.
아이들은 스스로 깨달으면서 성장할 수 있거든요.

아이들을 너무 나무라지 마세요.
아이들은 스스로 무엇을 잘 못했는지 곧 알게 될 거거든요.

아이들을 너무 재촉하지 마세요.
아이들은 조금만 기다려주면 잘 해낼 수 있거든요.

아이들을 너무 '열심히' 하도록 강요하지 마세요.
아이들은 스스로 '열심히 하겠다'는 다짐을 할 수 있거든요.

아이들이 스스로에 대한 믿음을 가지려면
어른들이 아이들의 재능과 능력을 믿어야 합니다.

어른들의 그 애틋한 사랑이
자칫 아이들에게 잘못 표현되면,

아이들은 자신을 사랑하지 못하고
자신의 시선으로 세상을 바라보지 못하게 됩니다.

그러면 아이들은 남의 생각만 쫓는 삶을 살게 되고,
결국 자기 삶을 살지 못합니다.

행복은 자신을 사랑하고 자신에게 집중하며
자신이 느낀 대로 자신의 생각대로 살아갈 때 찾아온답니다.

제 2 장

현장에서 접한 다양한 사연들

수많은 선수를 만나면서 기쁨과 보람도 있었지만
후회와 아쉬움도 있었다. 멘탈코칭을 시작한다고 해서
모두 성공적이지는 않다. 성공한 사례를 통해 배우기도 하지만,
실패한 사례에서도 배울 점은 있다.

1. 아버지의 정회원 타령

부모들은 아이가 연습을 열심히 하길 바란다. 그냥 말로 해서는 듣지 않는다 싶으면 방법을 찾는다. 강압적으로 꾸짖기, 성적으로 혼내기, 다른 선수와 비교하기, 골프를 못하게 할 것이라고 협박하기, 그밖에 연습을 많이 해야 하는 오만 가지 이유를 찾는다. 이 과정에서 목소리가 커지고, 감정 섞인 말이 나오며, 비난과 조롱 섞인 말이 튀어나온다. 부모와 선수의 관계는 불 보듯 뻔하다. 하지만 어떤 방법을 써 봐도 부모의 의도와는 다르게 아이의 연습 태도는 좀처럼 바뀌지 않는다. 행여 부모의 노력에 부응하여 아이가 연습을 조금 더 한다 해도 오래가지 못한다. 오히려 아이는 마음의 상처와 함께 자존감만 떨어진다. 혹은 부모 눈치만 보는 연습을 하고, 성적이 나오지 못한 것에 대한 자책감만 커진다. 흥미로 인한 자발적인 연습이 아닌 강요와 비난에서 비롯된 의무적인 연습은 정신적으로나 신체적으로 불필요한 에너지만 낭비하게 만든다. 선수는 골프가 안 되는 스트레스, 부모한테서 오는 스트레스의 이중고를 겪는다.

강진(가명)은 23세 남자 프로선수이다. 상담실을 찾은 이유는 아직 정회원이 되지 못한 고민 때문이다. 거의 쉬는 날 없이 열심히 연습했지만 성적이 잘 나오지 않았다. 골프 때문에 힘든 것도 있지만, 사실 강진이를 더 힘들게 하는 것은 아버지이다. 아버지는 발전이 없는 골프를 들먹이며 타박하곤 했다. 가장 듣기 싫은 말은 정회원에 대한 것이다. 아버지는 조금만 성실하지 못한 태도를 보면 '너는 그러니까 정회원이 못 되는 거야!'라고 비꼬듯 쏘아붙였다. 핸드폰만 들여다봐도, 조금만 늦잠을 자도, 집에서 휴식하고 있어도, 시합이 잘 안된 날에도 늘 돌아오는 말은 정회원 타령이다. 아버지는 약간 권위적인 스타일이다. 대화할 때 훈계하듯 말하고, 강진이의 태도를 항상 불만스럽게 이야기했다.

강진이는 아버지와 대화할 때 별 대꾸도 못 하고 듣기만 하는 경우가 많았다. 왜냐하면 성적이 좋지 못해 면목 없기도 했지만, 또다시 돌아올 정회원에 대한 이야기 때문이다. 강진이는 정회원 노이로제에 걸렸다. 그놈의 정회원 소리만 나오면 두통이 찾아왔다. 그래서 정회원이 빨리 되고 싶었다. 하지만 골프가 마음처럼 되지 않았고 스트레스만 커졌다. 강진이는 점점 아버지와 대화가 꺼려졌다. 특히 골프에 대한 대화는 더더욱 하기 싫었다.

아버지와의 불편한 관계는 강진이의 자존감을 떨어뜨렸다. 강진이는 골프에 자신이 없다 보니 자기 스윙을 다른 사람에게 보여주는 것조차 꺼렸다. 자기 스윙을 보고 비웃으면 어떡할까 걱정했기 때문이다. '골프를 안 했으면 어땠을까, 다른 일을 했으면 어땠을까?' 이런저런 고민에 빠지기도 했다. 지금은 골프를 그만둘 자신도 없었다. 정회원이 된 친구들이 부럽고, 정회원 친구들과 함께 있으면 주눅이 들었다. 정회원을 빨리 따야 한다는 생각에 부담감은 더해갔고, 거의 입스가 올 지경이었다. 강진이는 다른 사람의 눈치를 보는 경우가 많아서 자신의 의견을 잘 표현하지 못했다. 한번은 손을 다쳐서 병원에 갔다. 병원 치료 후 며칠간 쉬어야 했지만, 정작 걱정은 프로님께 이 사실을 어떻게 말할지였다. 당분간 연습장에 못 간다는 말을 쉽게 꺼내지 못했다. 겨우 눈치 보며 말한 후에도 프로님이 자신에 대해서 안 좋게 생각할까 걱정했다. 그리고 며칠간 연습을 못 하는 것도 걱정이었다. 걱정은 또 있었다. 다른 친구들은 열심히 연습하는데 뒤처지지는 않을까, 연습도 못 하면서 집에서 마주칠 아버지에 대한 걱정, 강진이는 걱정이 많은 사람이 되어버렸다.

상담을 시작한 후 자존감에 대한 이야기를 많이 했다. 강진이는 자존감 없는 자신의 행동과 생각을 발견했고, 자존감 올리기에 공을 들였다. 우선 남의 시선을 신경 쓰지 않고 '하고 싶은 말 하기'를 시도했다. 처음엔 망설였지만 용기를 냈다. 라운드할 때도 불편한 것이 있으면 동반자에게 표현했다. 친구들 사이에서도 그동안 사이가 틀어질까 또는 친구가 기분 나빠할까 봐 참아왔던 말도 하기 시작했다. 프로님께도 쉬고 싶을 때는 당당하게 말했다. 예전엔 눈치 보여서 억지로 연습장에 가곤 했는데 이제는 할 말을 다 하는 사람이 되었다. 가장 힘들었던 아버지께도 그동안 주눅이 들어 망설였던 것을 이제는 당당하게 말했다. 강진이는 속이 너무 시원하다고 털어놨다. 그리고 상대방으로부터 돌아오는 반응이 예상과 다르다는 것을 느꼈다. 강진이는 상대방이 자기 말을 흔쾌히 들어주고, 상대방이 자기 말을 대수롭지 않게 받아들이는 경험을 맛보았다. 예전에는 상대방이 좋아하지 않을 것 같은 생각에 망설였지만 이제 강진이는 자신이 잘못 생각해왔음을 깨달았다.

그리고 강진이는 멘탈 코칭에서 가장 중요한 타깃집중 루틴 훈련을 병행했다. 몸에 힘을 빼고 헤드 무게를 이용한 스윙감 연습도 했다. 처음에 모든 것이 새롭고 어색했지만 모든 것을 받아들였고 용기 내어 시도했다. 아버지의 정회원 타령은 멈추지 않았지만 개의치 않고 훈련했다. 여전히 아버지를 대하는 것이 두려웠지만 아버지와 대화를 피하지 않았고, 자신의 상황을 조리 있게 이야기했다. 이런 상황이 몇 번 반복되다 보니 아버지가 놀라워하는 눈치였다. 나중에 엄마한테 이런 이야기를 들었다. 아버지가 하시는 말씀이 '강진이가 성숙해진 것 같지 않아?'라고 물으셨다는 것이다. 그런 후 정회원에 대한 말이 줄어들었다. 강진이에게는 놀랍고 신기한 변화였다.

강진이는 멘탈 코칭에 성실하게 따라오면서 마음의 변화를 느끼기 시작했다. 샷을 할 때 새롭게 바뀐 방식에 점점 익숙해졌고, 점수도 나아졌다. 강진이는 무의식적 스윙을 해나가면서 '아 이런 골프도 있구나!' 하며 새삼 놀랐다. 이렇게 긍정적인 변화가 있었지만, 시합에 나가서는 예선을 통과할 정도의 결과는 만들지 못했다. 그렇게 멘탈 코칭을 시작하고 1년 6개월을 보냈다. 그리고 마침내 정회원 테스트에 출전했다. 긴장이 좀 됐지만 강진이는 이제 코스에서 자신이 할 일이 무엇인지 알았다. 스윙 생각을 하지 않고 오로지 타깃에만 집중하고, 여태껏 훈련한 루틴에만 집중했다. 결과는 대성공이었다. 언더파를 기록하며 마침내 정회원 테스트에 합격했다. 강진이는 준회원이 되고 5년 만에 정회원이 되었다. 그동안 정회원 노이로제에 걸려 힘들었던 시간들이 떠올랐다. 강진이는 자신이 정말 정회원이 될 수 있을지 의심과 걱정으로 살아왔지만, 그것을 통쾌하게 깨버렸다.

2. 저는 완벽한 스윙을 만들 겁니다

선영(가명)은 22세 프로지망생이다. 선영이는 '연습벌레'라고 불릴 정도로 연습을 많이 한다. 아침부터 저녁까지 연습장에서 살다시피 한다. 부모님은 그런 연습 태도에 만족했지만, 선영이는 아카데미에서 공공의 적이다. 연습을 게을리하는 선수는 비교를 당하기 때문이다. 담당 프로는 모든 선수가 선영이처럼 하길 바라며 종종 공개적으로 선영이의 연습 태도를 치켜세웠다. 하지만 정작 선영이는 이러한 칭찬이 달갑지 않았다. 왜냐하면 연습한 만큼 성적이 나오지 않았기 때문이다. 선영이는 남들한테 표현을 잘 하지는 않았지만 마음의 상처가 꽤 깊었다. 연습을 열심히 하는데도 성적이 나오지 않는 이유를 알지 못했다. 프로가 되지 못하는 이유도 찾지 못했다. 삶이 행복하지 않았다. 그래서 결국 '멘탈이 문제인가?' 생각하면서 처음으로 멘탈에 대한 관심을 갖기 시작했다. 그리고 온라인 검색을 통해 멘탈코치를 찾았다.

상담실에 마주 앉은 선영이는 고민을 털어놓았다. 선영이는 성적 기복을 줄이기 위해 많이 노력했다. 구력이 8년이 되도록 아직 프로가 되지 못한 것이 창피했다. 경기가 잘될 때는 언더파로 예선 통과했지만 잘 안될 때는 70대 후반 성적이 나왔다. 첫날 잘 치다가도 둘째 날 폭망하는 경우가 많았다. 성적이 좋지 않으면 너무 창피하고 화가 치밀었다. 남들이 '연습만 무식하게 한다'라고 비웃을까 걱정했다. 그리고는 연습장으로 돌아와 라운드를 복귀하며 미스샷을 하나하나 분석했고, 잘못된 동작은 없는지 체크했다. 선영이는 동작 하나라도 마음에 들지 않으면 그것을 반드시 고쳐야 직성이 풀렸다. 스윙이 완벽해야 성적이 꾸준하게 나올 것이라 생각했다. 그래서 선영이는 목표를 달성하기 위해 연습 때마다 하루도 빠짐없이 스윙을 촬영해 보았다.

마침 담당 지도자 역시 스마트 폰을 이용해 스윙을 촬영했다. 지도자는 세세하게 꼼꼼하게 레슨했다. 선영이는 이러한 레슨 스타일이 마음에 들어서 지금의 지도자를 선택했다. 선영이의 이야기를 듣고 있자니 나는 문득 '선수와 지도자의 잘못된 만남'이라는 생각이 들었다. 그 이유는 '완벽주의 성향의 선수'와 '비디오 촬영을 중심으로 한 레슨'은 감각게임으로부터 멀어지는 구조였기 때문이다. 선수로서 나쁜 길로 가기 좋은 찰떡궁합이다. 물론 스윙 촬영이 반드시 나쁜 것만은 아니다. 선수의 고집스러운 생각을 바꾸기 위한 근거로써 사용한다면 레슨에 도움이 된다. 하지만 시도 때도 없이 찍어보면서 스윙에 집착한 연습만 한다면 오히려 독이 된다. 선영이 지도자의 레슨은 선수의 본능적 감각을 살리는 것에 있지 않았고 오직 동작의 완벽함에 있었다.

선영이의 완벽주의 성향은 생활에서도 드러났다. 항상 뭐든지 정리정돈이 되어야 마음이 편하고, 하나의 흠결에도 견디질 못했다. 어떤 일을 하든지 항상 철저한 계획이 있어야 하고, 계획이 틀어지면 마음이 불편했다. 실수라도 하면 자책하는 시간이 많았다. 선영이는 누군가한테 지적당하는 것이 싫어서 정말 완벽한 사람이 되어야겠다고 다짐했다. 필드에서 샷 하나를 하더라도 꼼꼼한 성격 때문에 남들보다 많은 시간이 걸렸다. 그래서 동반자들에게 '인터벌이 길다'는 이야기를 듣곤 했다. 그래서 좀 빨리 치려고 했지만 오히려 실수가 더 많이 나와서 빨리 치려는 노력은 포기했다.

몇 번의 상담을 통해서 완벽주의 성향을 갖게 된 이유를 알게 되었다. 그것은 바로 부모님 때문이었다. 어머니는 선영이의 잘못된 점을 발견하면 그 즉시 지적했다. 말투가 잘못되면 말투로 뭐라 하고, 옷매무새가 단정치 않으면 또 그것으로 뭐라 하고, 행동거지 하나하나 빈틈없이 지적했다. 선영이는 어릴 적부터 지금까지 지적만 받아오면서 살아온 것 같다고 토로했다. 특히 부모님은 예의를 강조했다. 사람들한테 인사를 잘해야 하고, 어른들한테는 이렇게 저렇게 해야 한다고 끊임없이 교육받았다. 부모님은 선영이가 바르고 성실한 사람이 되기를 바랐다. 부모님의 교육을 하나하나 짚어보면 틀린 말은 없다. 바른 사람을 만들기 위해 누구나 할 수 있는 말이고 꼭 필요한 교육이다. 하지만 바른 사람을 지나치게 강조하고, 날마다 잔소리처럼 쏟아 붓는 교육은 오히려 역효과를 불러일으킨다. 이런 교육을 받은 자녀는 자신의 잘못된 행동만 바라보고 자신의 결점을 보완하기 위한 삶을 살게 된다. 그리고 교육받은 대로 행동하지 않으면 죄책감과 자책감에 시달린다. 그리고 매사에 실수하지 않으려고 신경을 곤두세워 피곤한 삶을 살아야 한다. 실제로 선영이는 매사 조심스러운 삶을 살아왔다. 이런 삶은 개성을 잃어서 자기다운 삶을 살지 못하고, 타인의 눈치만 보는 삶을 살게 된다. 결국 부모의 교육이 자존감을 해치는 꼴이 돼버렸다. 부모님은 선영이한테 올바른 행동을 왜 해야 하는지를 스스로 생각하며 느끼도록 한 것이 아니라 그 행동 자체의 옳고 그름만 따졌다.

우선 상담을 통해 선영이는 남들이 어떻게 생각하든, 남들이 보든 말든 나의 일에 집중하는 노력을 시작했다. 심지어 예의가 좀 없어 보이더라도 '나 중심적인 사고'를 시도했다. 그러면서 실수한 자신에게 관대한 마음을 가지려고 노력했다. 그리고 골프 자신감을 위한 멘탈훈련을 진행했다. 타석에서는 무의식적 스윙을 위한 루틴 변화를 시도했고, 연습량도 줄였다. 그리고 남는 시간에는 취미생활을 하거나 휴식을 취했다. 처음엔 모든 것이 어려웠다. 나는 성공사례를 들려주며 격려와 함께 지속적으로 설득했다. 이렇게 1년이 지났다. 그간 시합에 출전했지만 여전히 성적 기복은 피할 수 없었다. 나는 더욱 응원해주면서 변화에 주저하지 않도록 독려했다. 어머니와도 상담도 병행했다. 지적 대신 격려와 칭찬을 강조했다. 어머니 또한 오랜 삶의 방식이라 변화가 쉽지는 않았지만 선영이의 멘탈 코칭 과정에 적극 협조했다. 그렇게 6개월을 더 보냈다. 그리고 마침내 성적이 안정적으로 나오기 시작했다. 그리고 소망하던 프로 입문에 성공했다. 선영이는 엄마가 원망스러웠던 적도 있었지만 바뀌려고 노력하는 엄마의 모습에 마음이 누그러졌다. 선영이는 그동안 미련하게 연습만 했던 지난날이 후회됐지만, 이제 골프를 어떻게 해야 하는지 알았다는 사실이 무척 기뻤다.

3. 입스에 걸린 것 같아요

입스란 과도한 불안으로 인해 경기 수행이 제대로 되지 않는 상태를 말한다. 입스는 중요한 순간에서의 실수 또는 터무니없는 미스샷처럼 한순간에 오기도 하지만, 특정 수행의 반복적인 실수를 통해 서서히 오기도 한다. 입스에 걸린 선수는 입스에서 벗어나기 위해 연습량을 늘리고 스윙 교정에 매달리곤 한다. 하지만 입스의 근본적인 원인은 마음이기 때문에 기술적인 방법으로는 해결되지 않는다. 입스의 심리적, 생리적 원인은 위험에 대비하는 신체의 생존본능에 있다. 우리 몸은 위험을 감지하면 그 위험에서 벗어나기 위해 폭발적인 에너지 사용을 준비한다. 그리고 여기서 불안이라는 감정과 함께 다양한 신체적 증상이 나타난다. 즉 혈류량 증가를 위해 심장 박동이 빨라지고, 체내 산소량을 늘리기 위해 호흡이 가빠진다. 또한 불필요한 에너지 소비를 막기 위해 소화 기능이 둔해지고, 체온유지를 위해 손에 땀이 난다. 그리고 시야 확보를 위해 눈의 동공도 커진다. 이 모든 증상은 자율신경계인 교감신경을 통해 진행된다. 여기서 경기 수행에 영향을 미치는 증상은 바로 근육 경직이다. 즉 골프선수의 과도한 불안은 자율신경계에 의해 자기도 모르게 몸에 힘을 주게 되어 미스샷을 유발한다.

이러한 입스 증상은 골프뿐만 아니라 다른 종목에서도 찾아볼 수 있다. 양궁에서는 '크리커 병'으로 불린다. '크리커'란 활시위를 일정한 위치까지 당길 수 있도록 해주는 장치로서 크리커가 '딸깍'하고 떨어지면 선수는 바로 슈팅을 해야 한다. 하지만 실수에 대한 불안이 큰 선수는 크리커가 작동해도 슈팅하지 못한다. 양궁에서는 이러한 현상으로 은퇴하는 선수들이 많다. 테니스에서는 서브 동작에서 입스를 겪을 수 있다. 입스에 걸린 선수는 실패에 대한 불안감으로 인해 공을 위로 던지는 토스 동작을 정상적으로 하지 못한다. 야구에서는 '스티브 블래스 증후군'으로 불린다. 미국의 스티브 블래스라는 투수는 항상 좋은 활약을 펼치다 어느 날 갑자기 말도 안 되게 스트라이크를 못 던졌다. 그리고 회복하지 못하고 은퇴하고 말았다. 이 역시 실수에 대한 불안감 때문이다. 이 밖에도 입스 현상은 사격, 당구, 농구에서의 자유투, 축구에서의 페널티킥 등 상대와의 물리적 접촉이 없는 상황에서 특정 수행을 해야 하는 선수들에게 잘 나타난다.

민수(가명)는 27세 정회원 선수이다. 민수는 슬럼프에 빠져 고통스러운 선수 생활을 이어왔다. 연습을 꾸준히 했지만 소용없었다. 슬럼프가 길어지면서 무기력감도 나타났다. 여태껏 골프만 해왔는데 골프를 안 하면 무엇을 해야 할지 고민했다. 골프만 생각하면 앞이 캄캄했다. 필드에 나가면 공이 어디로 갈지 걱정부터 앞섰다. 시합에서는 더 심했다. 티에 공을 올려놓을 때면 손이 너무 떨려 창피했다. 아니나 다를까 티샷 한 공은 어김없이 OB 지역으로 날아갔다. 민수는 도대체 무엇이 문제인지 알 도리가 없었다. 그렇다고 연습을 게을리한 것도 아니다. 슬럼프에서 벗어나기 위해 정말 열심히 했다. 하지만 시합만 나가면 더 큰 상처를 받았다. 이제는 시합도 스트레스, 연습도 스트레스였다. 처음엔 재미있었던 골프가 지금은 재미있지 않았다. 민수는 새 시즌을 준비하면서 80대 스코어를 기록했다. 민수의 자신감은 바닥을 쳤다. 겨우내 훈련한 것이 아무 효과가 없었다. 결국 첫 시합 첫 홀부터 OB를 내고 전반 9홀에서만 13개 오버파를 쳤다. 민수는 정말 미칠 것 같다고 털어놨다. 민수는 샷 입스에 걸린 것 같다고 말했다.

전화로 상담 문의를 해온 민수 아버지는 아들이 처한 상황을 이야기하며 안타까워했다. 아버지는 아들의 힘들어하는 모습이 너무 답답하고 고통스러웠지만, 부모로서 아무것도 해줄 게 없었다. 그나마 해줄 수 있는 것이 있다면 민수에게 맞는 지도자를 찾아주는 일이었다. 이야기를 들어보니 민수는 꽤 많은 지도자를 거쳤다. 레슨의 성과가 없다 싶으면 코치를 바꿨다. 하지만 나아질 기미가 보이지 않았다. 약간의 성과가 나오는 듯싶다가도 도로 돌아가곤 했다. 민수는 레슨을 그만 받겠다고 했지만, 아버지는 아들을 설득했다. 아버지는 정확한 문제점을 찾을 수 있는 지도자를 만나야 한다고 생각했다. 아버지는 잘 가르친다고 소문난 지도자에게도 아들을 데려갔고, 우승자를 배출한 지도자에게도 데려갔다. 그러나 답답한 상황은 끝날 줄 몰랐다. 민수는 지도자를 바꿀 때마다 그들이 원하는 스윙을 만드느라 늘 동작에 신경 쓰는 연습을 했다. 그러니 스윙에 관한 생각이 줄어들 수가 없었다.

상담실에 마주 앉은 민수는 차분하게 자신의 이야기를 털어놨다. 민수는 골프로 인해 고통스러운 시간을 보내고 있었지만 표정은 어둡지 않았다. 자존감을 체크해 보니 생각보다 그리 나쁜 점수는 아니었다. 단지 골프 때문에 부정적인 생각들이 많아졌던 것뿐이고, 슬럼프 때문에 자신감이 떨어진 것뿐이었다. 나는 다행스럽게 생각했다. 왜냐하면 자존감에 상처가 깊지 않은 선수는 방식만 바꾼다면 슬럼프에서 빠르게 탈출할 수 있었기 때문이다. 반대로 자존감이 낮은 선수는 꽤 오랜 시간 코칭이 필요하다. 민수는 물에 빠진 사람이 지푸라기라도 잡는 심정으로 모든 것을 따르겠다고 다짐했다. 우선 의미 없는 스윙 레슨부터 중단했다.

그리고 민수는 나와 함께 타석에서 불안을 이겨내는 감각적인 훈련을 해나갔다. 민수는 샷할 때 불안감으로 인해 습관적으로 상체 쪽에 힘이 들어갔고, 이로 인해 스윙 궤도가 나빠졌다. 민수는 이 사실을 모르고 있었다. 입스가 찾아온 것도 이 때문이었다. 우선 상체의 힘이 빠질 수 있는 훈련에 집중했다. 그것은 부드러운 스윙 리듬을 만들고, 헤드를 감각적으로 컨트롤하는 일이다. 그리고 타깃에 반응적으로 공을 치도록 훈련했다. 타깃에 반응한다는 것은 자신의 본능적인 감을 100% 활용한다는 의미이다. 민수는 모든 훈련을 잘 소화했다. 그 결과 예상한 대로 빠르게 좋아졌다. 변화하는 과정에서도 한 번씩 OB가 나고 실수가 나왔지만 개의치 않고 도전했다. 코칭을 시작한 지 6개월이 지나면서 의미 있는 결과가 나오기 시작했다. 감각게임을 통해 자신에 대한 믿음이 커졌고 이로 인해 불안감이 사라지기 시작했다. 마침내 언더파를 기록했다.

민수는 이전까지 라운드를 나갈 때마다 걱정이 앞섰지만, 이제는 설레는 마음이 들었다. 스트레스가 즐거움과 행복감으로 바뀌었다. 한 홀 한 홀 좋은 샷을 치고 나면 빨리 다음 샷을 치고 싶어 했다. 민수는 이렇게 자신의 마음이 바뀔 수 있다는 사실이 놀랍고 신기했다. 민수는 어린 시절 한참 재미있게 골프 하던 기억이 되살아났다. 이제 완전하게 자신의 골프를 찾았다. 끔찍했던 입스에서 완벽하게 벗어났다. 멘탈 코칭 1년을 넘기면서 민수는 필드에 나가기만 하면 언더파를 쳤다. 민수는 곧 우승 소식을 전해줄 것만 같았다.

4. 골프를 포기하고 싶은데 뭘 해야 할지 모르겠어요

멘탈 코칭을 위해 나를 찾아오는 선수들은 저마다 사연을 가지고 온다. 부모 손에 이끌려, 친구 따라, 슬럼프에 빠져, 지도자 권유 등등. 각각 훈련환경과 가정환경이 다르고, 구력과 실력이 다르고, 자신감과 자존감의 수준이 다르다. 사실 모든 것이 다르다. 나는 모든 선수에게 한결같이 최선을 다하지만, 선수의 수업 참여 의지는 제각각이다. 어떤 선수들은 코칭 과정에 100% 집중하여 획기적인 변화가 있는 반면, 또 어떤 선수들은 코칭 과정에서 여러 가지 이유로 중도에 하차한다. 또 어떤 선수들은 한 번의 수업 후에 지레 겁을 먹고 시작도 못한다. 다시 말하자면 코칭이 모두 성공적인 결과를 얻는 것은 아니다. 아무리 좋은 내용의 코칭이 준비되어 있더라도 받아들이는 사람이 외면하면 모든 프로그램은 무용지물이다.

정희(가명)는 고등학교 2학년 여학생이다. 평소에 부정적인 생각이 많았고, 우울감이 있었다. 학교 친구들과도 잘 어울리지 못했고, 새로 전학한 학교에서도 적응하지 못했다. 초등학교 때는 친구들을 사귀면서 잘 지내는가 싶었지만, 중학교에 올라가면서 혼자 조용히 지내는 시간이 많아졌다. 골프 구력도 5년이 되었지만 80대 전후의 성적을 기록하고 있었다. 정희는 스스로 열심히 하지 않는 것 같다고 이야기하면서 자신의 실력을 '평균 이하'라고 표현했다. 구력이 짧거나 혹은 자신보다 어린 선수가 잘 치는 것을 보면 스스로에게 재능이 있는지 의심했다. 골프가 재미있지 않았고, 자기가 좋아서 하는 것인지도 알지 못했다. 골프에 정이 가지 않았다. 정희는 앞으로 골프를 잘할 수 있을지가 고민이고, 한편으로는 포기하고 싶어 했다. 그렇지만 포기하면 또 무엇을 해야 할지 고민이었다. 앞으로의 삶도 행복할 것 같지 않다고 느꼈다.

부모님이 보기에도 정희는 마음이 여리고 골프에 대한 의욕이 없어 보였다. 스스로 해나가는 맛이 없고, 절실함도 없어 보였다. 골프를 하기 전 공부할 때도 그렇고 부모님은 딱히 강요하지 않았다. 그런데 부모님의 이야기를 들어보자니 아이의 마음이 건강하지 않은 데는 이유가 있었다. 부모님은 초등학교 저학년 때부터 맞벌이를 했고, 아이가 혼자 집에 방치되어 있는 시간이 많았다. 정희는 형제도 없고, 홀로 외롭게 지낸 시간이 많았다. 그래서 사람들과 소통하는 것에 익숙하지 않았다. 말수도 적었고, 감정표현도 미숙했다. 집에 홀로 있는 시간에는 부모님이 집에 안 들어오면 어쩌나, 낯선 사람이라도 집에 들어오면 어쩌나 하는 불안감도 겪었다. 이렇게 세상과 단절된 시간 속에서 정희는 성장기에 필요한 정서적 안정을 갖지 못했다. 자존감은 낮았고, 매사에 의욕이 없었다. 부모님은 수영, 탁구, 배드민턴, 스키 등 다른 스포츠 활동을 시키면서 아이가 활발하게 지내기를 바랐지만, 뜻대로 되지 않았다. 부모님은 나중에야 아이를 방치했던 지난날을 후회했다.

상담실에 마주 앉은 정희는 나와 눈을 마주치지 못했다. 눈을 보며 대화하자는 제안에 시도는 해보았지만 이내 다시 눈을 피하곤 했다. 표정은 늘 어두웠고, 좀처럼 웃는 모습을 볼 수 없었다. 상담실을 오가며 인사할 때도 아무런 감정 없이 형식적이었다. 어떤 순간에는 조금 무례하게 느껴지기도 했다. 이런 아이의 모습이 앞으로의 인간관계 또는 사회생활에도 지장을 초래할 것 같은 생각에 부모님께 알려드렸다. 부모님께서도 이 점을 인지하고 있었고 우려스럽게 생각했다. 이전 아카데미에서도 친구가 없었고, 사람들에게 좋은 평가를 받지 못했다. 부모님이 교육을 시도해보았지만 크게 개선되지 않았다. 정희는 진행되는 코칭 프로그램에도 그다지 적극적이지 않았다. 나는 수업을 어렵게 끌어갈 수밖에 없었다.

　수업이 진행되는 동안 정희가 입버릇처럼 하는 말이 있었다. 돈을 벌기 위해 골프를 하고, 먹고 살기 위해 골프를 한다는 것이었다. 나는 아직 고등학생밖에 되지 않은 아이가 삶의 무게가 느껴지는 말을 한다는 것이 의아했다. 그 이유를 물으니 '다른 일로는 돈을 벌 수 없을 것 같다'고 대답했다. 이제 와서 다른 일을 할 수도 없을 것 같고, 무엇을 해야 할지도 모르겠다고 했다. 그렇다고 정작 골프에는 열정이 없었다. 정희는 낮은 자존감으로 인해 자신이 무엇을 좋아하고, 무엇을 싫어하는지 알지 못했다. 자신에게 어떤 능력이 있고, 어떠한 장점이 있는지도 말하지 못했다. 자기 능력에 대한 불신과 미래에 대한 막연한 불안감이 있었다. 자신에게는 고쳐야 할 점이 많다고 이야기하면서 실수하는 자신이 싫다고 말했다.

　정희의 문제는 골프에 있지 않았다. 지금 시점에서 골프는 중요하지 않았다. 골프 이전에 자존감 회복과 함께 삶의 의욕을 살리는 일이 급선무였다. 이런 문제를 해결하지 않으면 성인이 되어서 어떤 일을 하든, 누구를 만나든 힘든 시간을 보내게 될 것이 분명하다. 나는 항상 가벼운 대화로써 자신의 이야기를 많이 하도록 기회를 주었고, 코칭 프로그램에 적극적인 참여를 유도했다. 그리고 생활에서는 자신이 좋아하는 일을 하도록 권유했다. 하지만 정희의 마음은 쉽게 움직이지 않았다. 타석에서의 훈련 역시 마찬가지였다. 한때 간결한 스윙으로 공이 잘 맞을 때 만족감을 드러내기도 하고 시합에서 72타라는 좋은 성적도 기록했지만 그때뿐이었다. 이렇게 골프가 잘될 때면 골프에 재미가 붙지 않을까 기대했지만, 그것은 나의 소망에 그쳤다. 결국 정희는 몇 개월을 버티지 못하고 코칭을 중단했다. 수업에 소극적인 아이는 나 역시 힘든 시간이기는 마찬가지다. 나는 성공적인 코칭이 되지 못해 마음이 좋지 않았지만, 정희가 앞으로 잘 살아가기를 소망하며 마지막 인사를 했다. 정희는 여전히 인사하는 법조차 잊은 듯이 인사를 하는 둥 마는 둥 그렇게 헤어졌다. 마지막으로 부모님께 당부했다. 어린 시절 방치했던 시간만큼이나 사랑을 듬뿍 주고 아이와 소통을 많이 해야 한다는 점을 강조했다. 또한 자신을 긍정적으로 느낄 수 있도록 칭찬과 격려를 아끼지 않아야 한다는 점을 전했다. 그리고 아이의 자존감에 대해 주의 깊게 살펴보며 아이의 마음을 건강하게 만드는 것이 최우선이 되어야 한다고 당부했다.

5. 이 집에서 꺼내주지 않으면 골프를 그만둘 거예요

골프를 잘하려면 배움으로 시작해서 결국 배움에서 벗어나야 한다. 이 말은 프로 골퍼가 되면 더 이상 타인에 의한 수동적인 골프가 되어서는 안 된다는 뜻이다. 훌륭한 지도자는 이러한 과정을 잘 이끈다. 지도자는 기술을 가르치는 역할도 하지만 골프라는 운동을 선수에게 어떻게 인식시킬지, 골프에서 중요한 것은 무엇인지, 어떤 마음으로 시합해야 하는지, 위기 상황을 어떻게 대처해야 하는지 등 선수에게 다양한 영역에서 조언하는 사람이 되어야 한다. 또한 지도자는 선수의 실력이 향상됨에 따라 조언의 종류와 수준도 달라야 하며, 적재적소에 선수에게 필요한 말을 해야 한다. 한마디로 선수는 지도자를 잘 만나야 한다. 지도자 역시 저마다 경험의 차이가 있고, 가치관도 다르고, 마음의 수준도 다르다. 나쁜 지도자는 언어적, 신체적 폭력을 행사하고 연습을 강요하며 오로지 자신이 해왔던 방식을 전수하는 자기중심적 레슨을 하는 반면, 좋은 지도자는 선수의 생각과 감정을 존중하며 선수에게 맞는 방식을 찾아주는 선수중심적 레슨을 한다.

연희(가명)는 20대 초반의 프로지망생이었다. 한때 언더파를 꾸준히 칠 정도로 꽤 좋은 실력을 갖추고 있었지만, 성적에 따라 감정 기복이 매우 컸고 이에 따라 성적 기복도 컸다. 보기가 연달아 나오면 매우 예민한 상태가 되었고, 시합이 끝나면 성적에 연연하며 아쉬워하는 마음이 컸다. 성적이 좋지 않을 때면 며칠 동안 끙끙 앓았다. 연희는 승부욕이 강해서 누구한테 지는 것을 견디지 못했다. 성공을 위해서라면 놀고 싶은 것도 참아야 하고, 취미 같은 것도 사치라고 생각했으며, 연애도 하면 안 된다고 생각했다. 연애하는 친구를 보면 한심한 생각이 들었다. 딱히 쉬는 날도 없었지만, 집에 있는 시간에는 뭐라도 하면서 골프에 도움이 되는 시간을 보냈다. 퍼팅연습을 하거나 스트레칭을 하거나 TV를 통해 세계적인 선수들의 플레이 모습을 보곤 했다. 단 한 시간도 헛되이 보내는 시간이 없었다. 연희는 오로지 골프만 생각하며 생활했다.

연희의 이야기를 듣고 있자니 마음이 아팠다. 어린 나이에 다양한 경험을 하지 못하고 골프만 치는 기계처럼 살아온 것이다. 나는 도대체 연희의 마음을 누가 이렇게 만들었는지 궁금했다. 처음엔 부모님을 의심할 수밖에 없었다. 대부분 선수의 멘탈은 부모님의 양육 태도에서 비롯되기 때문이다. 하지만 대화해보니 연희는 항상 두 분으로부터 사랑을 느낀다고 했다. 순간 나는 의아했다. 의심했던 부모님으로부터 비롯된 스트레스는 없었기 때문이다. 부모님이 아니라면 누구일까? 연희는 이내 어렸을 때 일을 털어놓았다. 바로 지도자에 관한 이야기였다. 연희는 한때 지도자의 집에서 생활했다. 부모님은 지방에서 맞벌이하느라 아이를 돌보지 못했다. 그래서 할 수 없이 지도자에게 맡길 수밖에 없었다.

지도자는 연습량을 매우 강조했다. 쉬는 날도 용납하지 않았다. 성적이 좋지 않을 때면 무조건 연습 부족이라고 질책했다. 문제는 그것뿐만이 아니었다. 연희가 연습할 때 자신이 원하는 동작이 잘 나오지 않으면 재능이 없다며 타박했다. '운동신경도 없는데 골프는 왜 하느냐'며 비아냥거렸다. 그러면서 '그러니까 죽기 살기로 연습해야 한다'라며 연습량을 강조했다. 필드에서 OB라도 나오면 '정신을 어디에다 두고 공을 치는 거냐'며 책망했다. 쓰리 퍼팅이 몇 개라도 나오면 그날은 퍼팅연습을 몇 시간씩 해야 했다. 연희는 이렇게 지도자로부터 압박받으면서 샷할 때마다 긴장감이 생기기 시작했다. 심지어 연습장인데도 지도자 앞에서 샷하는 것이 무서웠다. 연희는 프로님이 자기에게 레슨하러 오지 않았으면 했다. 문제는 이것만이 아니었다. 아침에 조금이라도 늦장을 부리면 혼나고, 핸드폰을 보고 있으면 혼나고, TV 프로그램에 관심을 가진다고 혼났다. 연희는 꼬투리가 잡혀 혼나는 것이 지긋지긋했다. 연희는 '프로님 집에서 나오고 싶다'며 부모님께 말씀드렸지만, 부모님은 '여건상 그럴 수 없다'며 무조건 참으라고 했다. 연희는 할 수 없이 더는 말을 꺼내지 못했다. 부모님이 계신 집에라도 한 번씩 가는 것마저 눈치가 보였다. 지도자는 '하고 싶은 것 다 하면서 무슨 성공을 바라냐, 하고 싶은 일은 성공한 후에 하라'고 입버릇처럼 말했다. 연희는 몇 년 동안 지옥 같은 시간을 보냈다.

연희는 결국 이 집에서 꺼내주지 않으면 골프를 그만두겠다고 선언했다. 부모님은 그제야 연희의 말을 들어주었다. 연희는 지도자를 바꾸어 다른 환경에서 운동을 시작했다. 하지만 수년 동안 몸에 익은 행동과 마음은 변하지 않았다. 새로 만난 지도자는 연습을 강요하지 않았지만, 연희는 연습을 안 하거나 쉴 때면 지도자한테 눈치가 보였다. 연습할 때도 공이 잘 맞지 않으면 뭐라도 한소리 들을 것만 같았다. 연희는 지도자뿐만 아니라 샷하는 자신의 모습을 누군가 보기만 해도 불안했다. 운동신경이 없는 자신을 비웃을 것만 같았다. 필드에서는 이 증상이 더욱 심했다. 누군가 자신을 빤히 쳐다보고 있으면 여지없이 미스샷으로 연결됐다. 연희는 지난날 지도자의 잘못된 교육으로 인해 부정적인 사고방식이 고착되었다. 지도자로부터 자신을 믿고 존중하는 법을 배운 것이 아니라 자신을 책망하고 의심하는 법을 배운 것이다. 나는 먼저 연희를 위로해주었다. 재능이 없는 사람도 아니고, 운동신경이 없는 사람도 아니라고 강조했다. 모든 것이 연희의 잘못이 아니었다고 재차 강조했다. 그리고 올바른 길을 찾아가면 모든 것이 좋아질 것이라 말해주었다. 코칭이 진행되면서 연희는 연습량을 줄였다. 정기적으로 쉬는 날을 가졌고, 취미를 가지려고 시도했다. 연희는 영화 보는 것이 좋다며 틈이 날 때면 극장에 갔고, 친구들도 만나며 사람들과 소통했다. 연희는 골프를 떠난 삶의 만족도가 높아졌다. 코칭을 받기 전에는 상상도 못 할 일이었다.

연희의 변화 의지는 대단했다. 코칭 과정에서 도전하기 힘든 미션을 받아도 주저 없이 실천으로 옮겼다. 특히 타깃에 집중하는 루틴과 감각적인 골프를 거부하지 않았다. 이런 훈련을 통해 타인의 눈을 신경 쓰지 않는 법을 터득했다. 나 역시 같은 문제로 고생한 경험이 있었기 때문에 자신에게 집중하는 법을 자세하게 설명해줄 수 있었다. 이제 연희는 누가 쳐다보고 있어도 미스샷을 치지 않았다. 오히려 '나의 멋진 샷을 구경하라'는 자신감을 내비쳤다. 스스로 연구하는 마음과 골프에 대한 열정은 변화를 가속했다. 고집스럽게 가지고 있었던 자신의 고정관념도 과감하게 바꾸었고, 더는 스윙에 얽매인 연습을 하지 않았다. 자신감이 생긴 연희는 시합 때 미스샷이 나와도 화가 나지 않았다. 그리고 성적과 등수를 신경 쓰지 않고 어떻게 경기를 즐겨야 하는지도 터득했다. 3년 동안 멘탈 코칭을 진행하면서 연희는 수업할 때마다 새롭게 깨우친 점을 알렸다. 자신의 변화에 대해 매우 큰 보람과 자긍심을 가졌다. 이런 과정에서 연희는 프로입문에 성공했고, 우승도 했다.

6. 아이와 지도자를 믿지 못하는 부모

멘탈 코칭을 시작하기 전, 아이들을 가르칠 때 일이다. 중학교 2학년 여학생인 수현(가명)이는 아직 구력 1년에 점수가 100타 부근에 있었다. 시합은 두 번 경험했고, 선수가 되고 싶다며 아버지와 함께 찾아왔다. 상담을 마친 후 수현이와 나는 학교 일정에 맞추어 훈련 계획을 세웠다. 방과 후 4시간 정도 연습하고 일주일에 한 번씩 필드에 나가기로 했다. 처음 스윙을 보았을 때 궤도가 일정치 않았고 공에 힘을 싣지 못했다. 특히 쇼트 게임에서 거리감이 없었다. 우선 스윙의 원리를 이해시키면서 풀스윙 훈련을 시켰고 거리별로 어프로치 연습에도 집중했다. 퍼팅연습도 날마다 꾸준히 했다. 그 결과 4개월 만에 80대 스코어를 기록하더니만 6개월 만에 77, 78타를 기록했다. 생각보다 70대 타수가 빨리 나왔다. 시합에서도 70대 타수를 기록했다.

나는 수현이가 70대 타수를 몇 번 기록했다고 해서 스코어가 유지될 것이라고 생각하지 않았다. 더 많은 시행착오와 경험이 필요했다. 심지어 다시 90대, 100대 타수도 나올 것으로 생각했다. 물론 노력한 결과로 70대 스코어를 기록했으니 자신감을 가질 수 있는 성과임은 틀림없다. 수현이의 골프 실력이 꾸준히 발전하면서 부모 또한 만족했다. 하지만 나는 수현이를 가르치는 동안 아버지로부터 불편한 감정을 가졌다. 아이를 신뢰하지 못하는 행동과 말, 심지어 선생인 나를 감시하는 듯한 인상의 연습장 방문은 나의 마음을 심히 불편하게 했다. 하루는 아버지가 연락도 없이 연습장에 왔다. 그런데 내가 있는 타석으로 온 것이 아니고 먼발치에서 살짝 지켜보고는 이내 사라졌다. 아버지는 내가 못 본 줄 알겠지만 나는 그 모습을 보았다. 며칠 뒤 그런 상황이 반복되었다. 아버지의 수상한 행동에 의아했지만, 곧 그 이유를 알 수 있었다. 수현이는 평소 생활에서도 아버지와의 관계가 썩 좋지 못했고, 부부 사이에도 문제가 있는 듯했다.

사실 수현이에게는 문제행동이 있었다. 처음엔 몰랐지만 몇 달을 함께 지내다 보니 종종 거짓말을 한다는 것을 알았다. 하루는 수현이에게 전화가 오더니 학교 일 때문에 연습장에 못 오겠다고 했다. 나는 그런 줄 알고 별말 없이 넘겼다. 그런데 저녁 늦은 시간에 아버지에게 전화가 와서 수현이가 오늘 연습장에 왔냐고 물었다. 나는 있는 그대로 대답했다. 아버지는 "이것이 또 거짓말을 하네!" 하면서 전화를 끊었다. 사실 수현이가 연습장에 나오지 않는 일은 종종 있었다. 이 밖에도 수현이는 나에게도 사소한 거짓말을 했다.

사실 수현이의 이러한 문제행동은 아버지의 영향이 크다. 아버지는 의심이 많은 사람이었다. 수현이가 밖에서의 활동을 꼬치꼬치 물어보면서 연습을 게을리 한다고 타박하는 일이 많았다. 그래서 수현이는 연습하지 않은 날에도 연습했다고 거짓말을 하기 시작했다. 아버지는 수현이의 거짓말이 자신에게서 비롯되었다는 사실을 깨닫지 못했다. 아버지와 상담을 시도했지만, 대화가 잘되지 않았다. 여전히 지도자인 나를 감시하는 듯한 느낌과 잘 가르치라는 은근한 압박이 신경을 거슬리게 했다. 나는 수현이가 타석에 있는 동안에는 자리를 이탈하지 않았다. 아마도 레슨을 게을리했다면 무슨 일이 일어났을지도 모를 일이다.

문제는 그 다음에 터졌다. 수현이는 시합에 나갔고, 나의 예상대로 90대 타수를 기록했다. 그리고 80대에서 90대 타수를 한동안 반복했다. 나는 그런 성적이 2년이 채 안 된 학생에게 당연한 결과라고 생각했다. 더 시행착오가 필요했고, 70대 타수를 꾸준히 치기 위한 과정이라 생각했다. 하지만 아버지 생각은 달랐다. 70대 타수를 치던 아이가 어떻게 90대 타수를 다시 칠 수 있느냐며 나에게 항의했다. 나는 아버지의 항의에 아직은 그럴 수 있고, 수현이에게는 더 많은 경험이 필요하다고 설득했다. 아버지는 내 말을 귀담아듣지 않았다. 아버지 역시 골프 경험이 있다고 했지만 겨우 필드 몇 번 나가본 것이 전부였다. 아버지는 전화 통화 내내 흥분을 감추지 못했다. 급기야 "도대체 아이를 어떻게 가르치느냐!"며 나를 고소하겠다고 했다. 나는 기가 막히고 말문이 막혔다. '고소? 이 상황에 웬 고소?' 나는 귀를 의심하지 않을 수 없었다. 도대체 무슨 명목으로 고소를 하겠다는 것인지, 나는 상황을 이해할 수 없었다. 결국 나는 아이를 가르치지 않겠다고 선언하며 더는 아이를 보내지 말라고 했다. 그리고 고소하든 말든 마음대로 하라 했다. 그렇게 수현이와의 레슨은 끝났다.

골프를 해보지 않았거나 골프를 잘 모르는 부모 중에는 이처럼 한번 좋은 성적이 나왔다고 해서 그 성적이 늘 나와야 한다고 생각하는 경우가 있다. 이는 아주 잘못된 생각이다. 골프 성적은 그런 방식으로 향상되지 않는다. 80대 타수를 꾸준히 기록하려면 90대 타수를 많이 쳐봐야 하며, 70대 타수를 꾸준히 치기 위해서는 80대 타수를 많이 쳐봐야 한다. 당연히 언더파를 꾸준히 치려면 그에 맞는 많은 경험이 필요하다. 기초가 튼튼한 골프는 수많은 시행착오 끝에 완성된다. 시행착오 없이 좋은 스코어로 직행하는 법은 없다. 골프에 대한 잘못된 이해로 애꿎은 아이들을 질책하거나 공연히 선생들을 의심하는 일이 있어서는 안 된다. '자식은 부모의 거울'이라 하지 않나. 세상에 나온 아이들이 처음으로 보고 배울 대상은 바로 부모다. 욕을 많이 듣고 자란 자녀는 욕을 많이 하게 되고, 가정폭력을 보거나 당한 일이 많은 아이는 폭력성을 가진다. 의심을 많이 받은 아이는 의심이 많은 사람이 되고, 신뢰를 많이 받은 아이는 신뢰를 바탕으로 사람을 만난다. 부모의 생활방식과 가치관은 자녀에게 그대로 전달된다. 아이들의 마음은 외부로부터 자극받은 대로 혹은 경험한 대로 형성된다. 이러한 현상을 이해한다면 지금 당장 자신의 말과 행동이 자녀에게 어떤 영향을 미칠지 다시금 돌아보지 않을 수 없다.

7. 시합 때마다 배가 아파요

　시합에 나서는 선수 중 긴장감이 없는 선수는 극히 드물다. 실수에 대한 불안감, 성적에 대한 부담감, 첫 홀 시작에 대한 부담감, 타인 시선에 대한 평가 등 여러 가지 요인에 의해 긴장감을 느낀다. 사실 적당한 긴장감에는 긍정적인 효과가 있다. 정신적인 측면에서는 집중력과 판단력을 높이고, 신체적인 측면에서는 민첩성과 순발력, 순간 파워를 높인다. 이로써 수행 능력을 좋게 하고, 어떠한 상황변화에도 즉각적으로 대응할 수 있다. 하지만 과도한 긴장감은 오히려 역효과를 불러일으킨다. 뇌의 작동이 둔해져 아무 생각이 나지 않고, 신체적으로는 근육 경직을 일으켜 수행 능력을 감소시킨다. 이는 시험이나 면접 혹은 발표 등과 같은 활동을 할 때 긴장이 많이 되면 준비했던 것을 제대로 하지 못하는 것과 같은 이치이다. 우리는 골프선수가 아니더라도 이러한 경험을 일상생활에서 겪는다. 멘탈 코칭의 목적 중 하나는 이와 같은 긴장감 수준을 낮추는 데 있다. 그래야 선수가 온전히 자기 능력을 발휘할 수 있기 때문이다.

　정수(가명)는 21세 프로(준회원) 선수이다. 엄마와 함께 상담실을 찾았다. 정수의 멘탈적인 문제는 바로 과도한 긴장감이었다. 시합을 약 1주일 정도 앞두면 정수는 '긴장 모드로 들어간다'고 한다. 그러면 몸의 느낌이 붕 뜬 것처럼 약간 이상해지고, 복통과 두통을 느꼈다. 증상이 심해지면 진통제를 먹기도 했다. 이 증상은 어릴 때부터 지금까지 지속되었다. 시합을 앞둔 1주일은 예민한 상태가 되고, 집안 분위기도 평소와 달리 조심스러운 분위기로 바뀐다. 이 기간에 정수는 연습장을 제외하고 외출도 하지 않았다. 집에서도 더 좋은 컨디션을 위해 꼼짝하지 않았다. 정수는 시합이 다가올수록 연습량이 많아지고, 스윙도 각별히 신경 썼다. 나름의 시합 준비를 위해 만전을 기했다. 막상 시합 당일이 되어 긴장감이 올라오기 시작하면 밥도 제대로 먹지 못하고 화장실만 자주 갔다. 그리고 시합에 들어서면 첫 홀에서 실수가 잦았고, 특히 쇼트 퍼팅할 때는 손까지 떨렸다. 긴장감이 커지면 노래를 흥얼거리거나 심호흡을 크게 해보고, 몸을 계속 움직여보기도 했지만 별 효과는 없었다.

정수는 과도한 긴장감 때문에 큰 실수를 한 적이 있다. 한번은 같은 아카데미에 있는 형과 동생이 모두 예선 통과를 했다. 그래서 자신도 반드시 통과해야 한다고 생각했다. 1번 홀을 준비하면서 긴장감이 최고조에 달했다. 게다가 뒤에는 엄마와 지도자가 보고 있었다. 마침내 드라이버로 티샷을 하려는데 공 위쪽을 쳐버리는 실수를 하고 말았다. 공이 땅으로 굴러가더니 해저드에 빠졌다. 너무 창피한 순간이었다. 정수는 정말 끔찍한 기억이라고 회상했다. 시합 때마다 왜 이렇게 떨어야 하는지 도대체 알 수 없었다. 상담을 진행하면서 정수의 생각과 마음가짐을 들었다. 정수는 시합 때마다 '잘 치고 싶다, 못 치면 안 된다'라는 생각이 너무 강했다. 그리고 자신감보다는 두려움이 더 컸다.

정수의 과도한 긴장과 떨림은 자신감 부족에서 비롯되었다. 자신감을 위해 감각게임 훈련에 집중했고 타깃에 집중하는 루틴훈련을 시작했다. 그동안 스윙 생각으로 복잡했던 머릿속을 단순하게 만들었다. 타깃에 집중하는 샷은 아무 생각 없는 상태, 완전한 무의식적 동작이다. 생각이 단순해질 수밖에 없다. 정수는 이렇게 스윙 생각 없이 공을 친다는 것에 놀라워했다. 그리고 멘탈 개선을 위한 특별한 솔루션을 받았다. 이는 시합 1주일 전부터 '긴장 모드'로 들어가는 것을 해제하기 위한 조치였다. 그것은 하루하루 외출하면서 자유롭게 즐기는 미션이었다. 혼자는 놀 수 없었기 때문에 누나가 도와주기로 했다. 때로는 엄마도 함께 했다. 물론 하루 연습을 마친 후에 진행되는 미션이었다.

첫째 날은 노래방 가서 신나게 놀기, 둘째 날은 카페 가서 수다 떨기, 셋째 날은 쇼핑하면서 기분 내기, 넷째 날은 극장에 가서 영화 보기, 다섯째 날은 맛집 탐방하기 등등. 시합을 앞두고 이런 활동을 한다는 것은 이전에는 상상할 수 없는 일이었다. 처음에는 굳이 이런 것을 해야 하나 의아해했지만, 코칭 과정을 이해하고 실행에 옮기기로 결심했다. 그런데 막상 하려고 보면 '내가 지금 이럴 때인가?'라는 죄책감이 든다고 했다. 그래서 이렇게 말해주었다. "자신을 믿는다는 것은 어떠한 부정적인 느낌이 없어야 해. 진짜 자신감이 있는 선수는 시합 전에 무엇을 하든 개의치 않아. 왜냐하면 시합에서 잘할 자신이 있기 때문이야. 정수에게는 노는 것마저 큰 용기가 필요할 거야. 자신감이란 두려움에 맞서 용기 내어 성취할 때 얻을 수 있는 것이란다. 그러니 걱정하지 말고 놀아봐." 정수는 고개를 끄덕이며 다시 한번 실천하기로 다짐했다.

그렇게 모든 것을 실행에 옮겼고 마침내 시합에 출전했다. 정수는 생각했다. 솔루션을 통해 연습량은 줄고 오히려 놀았기에 성적이 잘 나오지 않으리라 예상했다. 하지만 전과 거의 동일한 성적을 기록했다. 그리고 다음 시합에도 똑같이 실행했고, 성적은 희한하게 점점 좋아졌다. 이렇게 성적이 좋아지기 시작하니 노는 일에도 죄책감을 갖지 않게 되었다. 무엇보다도 정수에게 반가운 일은 시합을 앞두고도 몸이 이상해졌던 느낌도 사라졌다. 배도 아프지 않았고 머리도 아프지 않았다. 이제는 진통제도 먹지 않았다. 정수에게는 기적 같은 일이었다. 몸의 느낌이 이상해졌던 이유는 과도한 불안감 때문이었다. 그 불안감은 아직 오지도 않은 미래의 시합을 걱정하는 마음에서 비롯되었다. 정수가 말하는 '긴장 모드'는 현재에 집중하지 못하는 멘탈로 바뀌는 과정이었다. 그런데 이제는 노는 데 집중하느라 걱정과 긴장할 틈이 없었다. 그렇게 정수는 시합 전에 하고 싶은 일을 하는 사람이 되었다. 말하자면 '놀 때 놀고 할 때 하는 사람'이 된 것이다. 이제는 퍼팅에서의 손 떨림도 없어졌고, 화장실도 자주 가던 습관도 없어졌다.

그리고 시합에서 '잘해야 한다'는 압박감도 느끼지 않았다. 정수는 이렇게 바뀌는 자신이 신기하게 느껴졌다. 정수는 자신감이라는 감정을 처음 느끼면서 모든 것이 새롭게 바뀌었다. 정수는 멘탈 코칭 1년 6개월 만에 정회원이 되었다.

8. 우승하려면 버디를 많이 쳐야 하지 않나요?

골프에서의 조언은 약이 되기도 하고 독이 되기도 한다. 초보자한테 상급자에게나 필요한 조언을 하면 뜬구름 잡는 이야기가 될 것이고, 반대로 상급자한테 초보자에게나 필요한 말을 하면 오히려 방해된다. 골프를 잘 배우려면 자신의 수준에 맞는 조언을 들어야 한다. 하지만 골프를 둘러싼 환경은 조언이 난무한다. 특히 유튜브를 비롯한 각종 매체에서는 스윙 정보가 넘쳐나고, 주변 사람들의 불필요한 지적질로 인해 자신의 스윙은 하루가 멀다고 바뀐다. 레슨 프로들의 조언마저 제각각이다. 어떤 골퍼는 동냥 젖 얻듯 기웃거리며 조언받기를 좋아하고 어떤 골퍼는 남의 스윙만 보면 간섭을 못 해 안달이다. 골프의 정답을 찾는 길은 마치 망망대해에서 육지를 찾아 헤매는 어느 영화 속 스토리와 같다. 골프 조언은 함부로 해서도 안 되고, 함부로 받아서도 안 된다. 우스갯소리로 '골퍼는 하루만 먼저 배워도 남을 가르치려 든다'는 말을 한다. 자기가 아는 어설픈 지식이 남의 골프를 더 미궁으로 빠트릴 수 있다. 골프의 진실을 알고 자신의 경솔한 조언이 얼마나 부끄러운 일인지 뒤늦게 깨닫게 될 것이다.

서현(가명)은 구력 7년, 고3 아마추어 선수였다. 아버지 손에 이끌려 상담실을 찾았다. 서현이는 성적 기복이 커서 고민이었다. 공식 대회 베스트 스코어는 5언더파였고, 비공식 기록은 7언더파였다. 꽤 좋은 기록이었다. 하지만 이렇게 언더파를 치기도 하지만 80대 스코어도 나오는 것이 문제였다. 예선전에서는 좋은 성적으로 통과할 때가 많지만 본선에서는 좋지 않았다. 특히 대회 첫날에 언더파를 쳐 놓고서는 둘째 날 망하는 경우가 많았다. 한번은 좋은 성적으로 챔피언 조에 들어갔지만 80대 스코어를 치고 최하위로 떨어졌다. 선수도 답답하고 부모님도 답답한 상황이었다. 이러한 문제를 개선하기 위해 몇 명의 스윙코치를 찾아 조언을 들었지만 한결같이 스윙에는 큰 문제가 없다고 말했다. 안 그래도 '스 윙 좋다'는 이야기는 자주 들어왔던 터라 코치들의 말이 그리 반갑지 않았다. 아 버지는 코치들로부터 도움이 될 만한 이야기는 없었다고 느꼈다. 모두 이미 아 는 내용이라고 생각했다.

이야기를 계속 듣고 있자니 서현이는 특정 상황이 되면 긴장감이 커졌다. 버 디를 해야 한다고 생각하는 홀에서 강박증이 있었다. 특히 파 5홀이나 짧은 파 4홀에서는 찬스 홀이라 여기고 반드시 버디를 해야 한다고 생각했다. 그래서 파 5홀에서는 일단 투온을 시도하고 세컨드 샷은 그린에 최대한 가깝게 공략했다. 하지만 버디를 하지 못하면 자책감에 빠졌다. 버디에 대한 갈망은 어느 홀에서 든 핀을 직접 공략하게 했다. 짧은 파 4홀에서는 드라이버샷을 더 세게 쳐서 세 컨드 샷이 짧게 남도록 했다. 서현이는 매우 공격적이었다. 그리고 7~8m 이내 의 버디 퍼팅에서는 반드시 넣어야 한다고 생각했다. 이는 오히려 긴장감을 유 발하는 요인이 되었다. 서현이는 모든 라운드에서 가능한 한 버디를 많이 쳐야 한다고 생각했다. 나는 왜 이런 생각을 하게 됐는지 궁금했다.

서현이는 아버지에 대해 이야기했다. 아버지는 입버릇처럼 '우승하려면 버디 를 많이 쳐야 한다'고 말했다. 특히 '라운드 당 최소한 버디 5개는 쳐야 언더파 도 치고, 우승할 수 있다'는 말을 자주 했다. 아버지는 미국 프로골프(PGA) 투 어 경기를 자주 시청하며 서현이에게도 보도록 강요했다. 아버지는 버디를 기록 하는 장면에서 말의 톤을 높이며 선수마다 버디 개수를 세곤 했다. 아버지는 드 라이버 비거리의 중요성을 자주 이야기하면서 비거리가 많이 나와야 버디도 많 이 나온다고 말했다. 실제로 서현이는 180cm가 넘는 키에 덩치도 커서 드라이 버샷 비거리가 다른 선수들에 비해 멀리 나갔다.

서현이는 아버지로부터 조언을 자주 들었다. 부자간의 대화는 주로 골프에 대한 조언이었다. 아버지에게는 종종 이야기하는 레퍼토리가 있었다. 서현이는 더 이상 골프에 관한 이야기는 듣고 싶지 않았다. 어렸을 때부터 아버지 말에 집중하지 않으면 혼났기 때문에 지금도 거부하지 못했다. 때로는 듣는 척만 했다. 아버지가 골프에 대한 조언을 많이 하는 이유가 있었다. 그것은 아버지 또한 구력 20년의 골퍼였기 때문이다. 아버지는 언더파를 치진 못했지만 70대 스코어를 기록하는 싱글 핸디캡 골퍼였다. 아버지 역시 버디를 많이 치기 위한 플레이를 했다. 버디를 기록하면 내기에서 들어오는 돈이 많다는 것이 이유였다. 서현이는 플레이가 잘 될 때면 버디가 쏟아져서 언더파를 기록했지만, 드라이버샷이 잘 안 되는 날에는 반대로 OB가 쏟아졌다. 이럴 때 아버지는 드라이버 연습을 강요했다. 또한 라운드에서 쓰리 퍼팅이 많이 나오면 집에서도 퍼팅연습을 해야 했다. 서현이는 스윙도 좋고 비거리도 많이 나갔지만 스코어 관리가 안 되는 선수였다.

서현이에게는 코스 매니지먼트가 필요했다. 공을 똑바로 멀리 치는 법이 아닌 점수 만드는 법을 터득해야 했다. 무엇보다도 서현이에게 필요한 것은 버디를 위한 공격적인 전략이 아닌 안전한 코스 공략이었다. 가령 파 5에서는 무조건 투온을 시도하기보다는 위험 요소를 감안한 쓰리 온 작전, 무리하게 핀을 보고 치기보다는 가급적 그린 중앙 쪽의 공략, 티잉 그라운드에서는 드라이버 외에 다른 클럽의 선택, 띄우는 어프로치보다는 굴리는 어프로치 등등. 그리고 집에서는 휴식을 취하고 연습은 밖에서만 하라고 일러주었다. 그리고 한 번에 너무 많은 연습보다는 짧게라도 꾸준함이 좋다고 일러주었다. 또한 드라이버샷이 OB가 많이 난다고 해서 드라이버만 연습하면 안 된다고도 이야기했다. 이렇게 코칭 프로그램을 몇 개월간 진행했다.

그러던 어느 날 서현이와 상담실에 마주 앉았다. 서현이는 놀랍게도 '선생님이 가르쳐 준 대로 할 수 없다'라고 말했다. 아버지의 반대가 이유였다. 나는 아버지와 마주 앉아 대화를 시도했으나 아버지는 전혀 들으려 하지 않았다. 그리고 자신의 골프 철학을 강연하듯 나한테 이야기했다. 역시나 아버지는 버디를 위한 플레이를 강조했다. 이후 아버지와 몇 번의 논쟁 끝에 나는 서현이를 그만 가르치겠다고 결단했다. 아버지가 서현이에게 자신의 골프 방식을 강요한다면 더 이상의 코칭은 무용지물이라 생각했다. 서현이를 도대체 왜 나한테 보냈는지 의아했다. 자기 생각대로 가르치면 될 일이다. 서현이와의 수업은 그렇게 끝나고 말았다.

선수가 버디를 위해 플레이하지 않아야 하는 이유는 그 자체로 성적에 대한 집착일 뿐만 아니라 늘 미스샷의 위험에 노출되기 때문이다. 골퍼는 욕심을 내는 만큼 불안감이 따라오고, 기대한 만큼 속이 상한다. 부정적 감정은 다음 샷에 집중하지 못하도록 만들고, 미스샷의 확률만 높인다. 결국 점수를 잃으면 더 공격적이고 더 무모한 전략으로써 버디만 생각하게 된다. 골퍼의 감정은 롤러코스터를 타는 악순환에 빠진다. 이는 서현이가 좋은 스윙과 긴 비거리를 가지고 있음에도 불구하고 꾸준한 성적을 내지 못하는 이유다. 선수로서 성공하기 위해서는 한 번의 슈퍼 스코어보다 꾸준하고 일관성 있는 스코어가 필요하다. 다시 말해 '어떻게 버디를 만들 것인가'에 대한 관점에서 전략을 세우기보다 '어떻게 보기를 치지 않을 수 있는가'에 대해 고민해야 한다. 골프는 확률을 다루는 게임이다. 버디는 잡는 것이 아니고 줍는 것이다. 나는 이 내용을 서현이 아버지한테 전해주지 못했다.

9. 프로가 되는 것이 뭐 그리 대단한 건가요?

　골프 멘탈을 크게 두 가지로 나누면 자신을 긍정적으로 생각하는 마음과 타깃에 집중하는 마음이다. 다른 말로 표현하면 자존감과 감각게임이다. 둘의 상관관계를 생각해보면 자존감은 감각게임의 뿌리이며 감각게임은 자존감의 열매와 같다. 다시 말해 자신을 긍정적으로 생각하는 마음에서 본능적 감각이 잘 발휘된다는 이야기다. 나를 찾아오는 선수 중에는 자존감이 좋은 선수가 감각게임을 잘 못하는 경우는 있었지만, 자존감이 낮은 선수가 감각게임을 잘하는 선수는 단 한 명도 없었다. 또한 자존감이 높은 선수는 모든 프로그램을 잘 소화하며 슬럼프에서 빠르게 탈출하지만, 자존감이 낮은 선수는 2~3배 이상의 시간이 필요하다. 심지어 그 이상도 걸리며 중도 포기하는 선수도 있다. 이처럼 선수의 자존감 수준은 코칭 과정에서의 집중도뿐만 아니라 코칭의 기간을 결정한다.

　민우(가명)를 처음 만난 시기는 고등학교 2학년 때였다. 민우는 멘탈에 특별한 문제가 있어서 나를 찾아온 것은 아니었다. 부모님은 단지 골프가 멘탈게임이기 때문에 배우러 왔다고 말했다. 부모의 조언은 한계가 있기 때문에 전문가를 찾아가야 한다고 생각했다. 검사지를 통해 기본적인 마음을 체크해 보니 자존감이 높게 평가되었고, 자신감도 좋았다. 대체로 모든 영역에서 높은 점수를 기록했다. 부모님에 대한 스트레스 지수도 낮게 나타났다. 전반적으로 생활 스트레스가 없었고, 마음은 매우 건강했다. 하지만 민우의 구력은 2년이 채 안 되었다. 타석에서 공 치는 모습을 보니 동작에 어설픔이 있었으나 공은 꽤 잘 맞혔다. 아직은 동작에 신경 쓰면서 샷을 하다 보니 타깃에 집중하는 모습은 없었다. 짧은 구력에 당연한 모습이다. 일단 기본적인 마음이 건강하니 나로서는 큰 짐을 덜었다. 감각적인 골프만 잘 안내하면 될 듯싶었다.

　민우가 건강한 마음을 갖게 된 연유는 부모님의 양육 태도에 있었다. 부모님은 온화한 성품으로 아이에 대해 조급하지 않았다. 무엇이든 멘탈이 중요하다고 여기며 자기주도적인 아이를 만들기 위해 애썼다. 어렸을 때부터 다양한 경험을 위해 바이올린, 피아노 등 악기를 다루게 했고, 수영, 농구, 스키, 테니스, 배드민턴 등 다양한 스포츠 활동도 시켰다. 자칫 바쁜 스케줄로 아이가 지칠 수도 있었지만, 민우는 오히려 새롭게 배우는 것을 좋아했고 도전을 즐겼다. 부모님은 자립심을 위해 고등학교 때부터 혼자 여행을 보냈다. 민우는 혼자서 기차, 배, 비행기도 탔다. 민우는 두려움을 이기고 여행하는 것을 좋아했다. 부모님은 민우에게 되도록 잔소리하지 않았다. 대신 자신의 행동에 대한 책임을 지도록 교육했다. 가령 아침에 늦게 일어나는 문제에 대해서 한 번 알아듣게 이야기한 후로는 늦잠을 자든 말든 스스로 알아서 하도록 내버려 두었다. 처음엔 실수도 있었지만 민우는 학교에 갈 때도, 필드에 갈 때도 자신이 알아서 시간 맞춰 일어났다. 민우는 자신이 알아서 하지 않으면 일이 잘못된다는 것을 깨달았고, 자신에게 좋을 게 없다는 점을 깨우쳤다.

　부모님은 민우가 최고의 선수가 되기보다 좋아서 하는 일을 하는 사람이 되기를 바랐다. 그래서 뭐든 하라 마라 강요하지 않았다. 의사 결정은 민우에게 맡겼고, 부모님은 지지해주고 도와주는 역할만 했다. 그 결과 민우는 자발적인 태도로 스스로 하는 사람이 되었다. 외향적인 성품에 친구들과도 문제없이 잘 어울렸고, 배려심과 함께 성격도 밝았다. 부모님은 민우가 뭐든 잘 해낼 것이라 믿었다. 민우는 아카데미에 있으면서 성실하게 지냈지만, 지도자의 부당한 대우가 있을 때는 자신의 불만을 당당하게 이야기했다. 간혹 지도자의 입장에서 언짢을 수 있지만 민우는 자기가 해야 한다고 생각하는 말은 망설이지 않았다. 이런 과정에서 아카데미에 문제가 있다고 판단하면 민우는 자기 결정으로 다른 곳으로 옮겼다. 민우는 어딜 가든 자신감이 있었고 누구에게도 주눅 들지 않았다.

이렇듯 민우의 마음은 이미 건강한 상태였기 때문에 나는 타깃에 집중하는 감각골프에 집중할 수 있었다. 민우는 어린 나이지만 이해력이 빨랐다. 모든 것을 망설이지 않고 실행했다. 습득력이 대단했다. 나는 새삼 자신을 긍정적으로 여기는 마음, 자존감의 위력을 다시 한번 느꼈다. 민우를 처음 만났을 때 스코어는 80대 전후였다. 아직 2년을 채우지 못한 구력에 비하면 좋은 점수였다. 감각적인 골프를 익혀가면서 스코어가 점점 좋아졌다. 70대 중반으로 떨어졌고, 간간이 70대 초반의 스코어도 기록했다. 특히 민우는 감각적인 퍼팅에 대해서 남다른 흥미를 가졌다. 발걸음 세지 않기, 에이밍할 때 라인 사용하지 않기도 꺼리지 않았다. 민우는 퍼팅이 더 재미있어졌다고 말했다.

민우는 3년 안에 프로가 되겠다고 공언했으며, 정말 구력 3년 정도 되었을 때 프로 테스트에 합격했다. 3년 만에 프로가 되었다는 사실이 놀랍기도 했지만, 더 놀라운 사실은 이런 자신의 성과에 대해 대수롭지 않은 듯이 이야기한다는 점이다. 민우는 "프로가 되는 것이 뭐 그리 대단한가요?"라고 말했다. 프로 테스트 합격을 당연한 결과로 받아들였다. 사실 이러한 마음은 나를 찾아온 모든 선수에게 심어주고 싶은 멘탈이었다. 자신의 실력을 스스로 인정할 때 어떤 장애와 방해가 있어도 높은 집중력으로 자신의 실력을 발휘할 수 있다. 특히 프로선수, 큰 시합에 출전하는 선수들에게 반드시 필요한 멘탈이며, 성공을 원하는 선수에게 반드시 있어야 할 마음이다. 민우는 이러한 멘탈을 특별히 배우지 않고도 이미 갖추고 있었다. 그 이유는 부모님께서 훌륭한 멘탈코치로서 역할을 했기 때문이다.

10. 멘탈이 그렇게 중요한가요?

골프 멘탈 코칭의 궁극적 목적은 집중력 향상과 자신감 획득이다. 이는 앞서 여러 번 언급했듯이 타깃에 집중하는 골프, 타깃에 반응하는 무의식적 골프를 통해 가능하다. 좀 더 풀어서 말하자면 몸에 힘이 빠진 상태에서 클럽 헤드를 감각적으로 잘 다루는 일, 그리고 동작에 대한 생각 없이 오로지 타깃으로 공을 보내는 일, 이러한 감각 골프에서 자신감이 나온다. 나는 이러한 가설을 바탕으로 많은 선수를 슬럼프에서 벗어나도록 도왔으며, 행복을 찾아주었다. 하지만 나를 찾아온 모든 선수가 이런 성과를 얻는 것은 아니다. 다양한 이유로 중간에 포기하는 선수도 있다. 어떤 선수는 감각게임에서 오는 불안감을 이기지 못해 시작도 못하고, 또 어떤 선수는 자신이 해온 방식과 너무 다르다고 변화를 꺼린다. 또 어떤 선수는 스윙을 생각하는 습관에서 벗어나지 못해, 또 어떤 선수는 당장의 시합 때문에 변화할 수 없다고 이야기한다. 결국 생각을 바꾸지 못해 성장할 수 있는 절호의 기회를 스스로 걷어찬다.

지선(가명)이를 처음 만났을 때 20대 초반의 프로지망생이었다. 구력은 8년 정도 되었고, 학생 때는 아마추어 선수로 활동했다. 중고연맹 시합에서 우승경력은 없었지만, 한때 언더파를 기록할 정도로 실력이 있었다. 탑텐 안에도 몇 번 올랐다. 하지만 대학 입학 후로는 성적이 거꾸로 갔다. 언더파를 언제 쳐 보았는지 기억이 나지 않을 정도다. 답답함을 이기지 못해 멘탈 문제라 생각하며 나를 찾았다. 멘탈 검사지를 통해 기본적인 사항을 점검해 보니 전반적으로 낮은 점수였다. 지선이는 오랜 시간 골프 때문에 스트레스를 받아와 자존감, 자신감, 평상심, 마음비움 등 여러 항목에서 문제점이 드러났다. 하지만 지선이는 "골프에서 멘탈이 그렇게 중요한가요?"라며 물었다. 지선이는 사실 멘탈 코칭을 받는 문제에 대해서 망설였다. 담당 지도자와도 상의했는데 지도자 역시 멘탈에 대한 중요성을 인지하지 못했다. 지도자는 지선이에게 "멘탈이 문제가 아니고 연습을 더 열심히 해야 한다"라고 말했다.

나는 코칭의 방향과 타깃에 집중하는 골프, 타깃에 반응하는 무의식적인 샷에 대해서 설명했다. 하지만 지선이는 '굳이 이런 것을 해야 하느냐'며 나의 설명을 이해하지 못했다. 결국 지선이는 담당 지도자의 말씀대로 더 열심히 하는 방법을 따르겠다고 결정했다. 나와의 수업은 시작도 못했다. 나는 헤어지면서 "생각한 대로 열심히 해라. 후회 없도록 최선을 다하고 다음 기회에 다시 만나자"라고 말했다. 지선이는 그러겠다고 하면서 상담실을 나갔다. 그리고 1년이 지나 지선이에게 다시 연락이 왔다. 상담실에 마주 앉았을 때 선수의 표정은 어두웠다. 나는 골프가 잘되지 않고 있음을 직감했다. 잘 되고 있다면 나를 다시 찾을 일이 없었다. 나는 그동안 최선을 다해서 열심히 했냐고 물었다. 지선이는 열심히 했지만 성적은 나아지지 않았다고 말했다. 그리고 스트레스가 너무 크고 삶이 불행하다고 토로했다. 연습을 열심히 했는데 왜 나아지지 않느냐며 울먹이며 말을 이었다. 나는 다시 멘탈의 중요성을 설명했다. 지선이는 한 번 해보겠다며 수업을 시작했다.

처음에는 요구하는 대로 따라오는 듯했다. 몇 개월이 지나는 동안 성적도 조금 나아지는 듯 보였다. 하지만 시합에서 또다시 80대 스코어를 치고 좌절했다. 이후 약속한 수업에도 나오지 않았다. 며칠 후 다시 만났을 때 표정에서 실망감이 역력했다. 아직은 좋은 결과를 얻기까지 시간이 필요했지만, 지선이는 바로 성적이 나오길 기대했다. 나는 다시 감각적인 샷을 만들자고 설득했다. 타석에서 만났을 때 지선이의 표정은 시큰둥했다. 지선이는 손목이 풀어지면 훅이 심하고, 손목을 쓰면 불안하다며 이 동작만큼은 바꾸지 못하겠다고 말했다. 나는 자연스러운 스윙에서 좋은 구질이 나올 테니 의식적인 동작보다 흐름대로 휘두르자고 설득했다. 그리고 덧붙여 "두려움을 피하지 말고, 정면으로 부딪쳐 보자. 그래야 자신감을 얻을 수 있다"고 말했다. 그러나 나의 요구를 받아들이지 않았다. 지선이는 샷할 때마다 미스샷에 대비하는 부정적인 목표를 가졌다. 게다가 특정 동작을 생각하지 않으면 더 많은 미스샷이 나올 것이라 걱정했다. 오랜 시간 해온 자신의 방식을 포기할 수 없었다. 마치 생존을 위한 방어기제 같았다. 그동안 믿어 왔던 방식을 버리는 것은 두려움과 마주하는 일이다. 변화가 쉽지 않은 이유이다.

최고가 되는 길은 험난하다. 자신감이 없던 선수가 진짜 자신감을 갖기 위해서는 두려움에 맞서야 한다. 회피하는 방법으로는 재능을 100% 발휘할 수 없다. 사실 멘탈코치로서 나의 역할은 두려움 앞에서 극복하도록 돕는 일이다. 격려와 응원이 필요할 때가 있고, 이미 자신에게 충분한 능력과 재능이 있음을 인지시켜야 할 때도 있다. 두려움에 망설이고 있을 때 살짝 떠밀어 주기도 한다. 이때가 바로 '나도 할 수 있다'는 자신에 대한 신뢰가 필요한 시점이다. 여기서 용기 내어 앞으로 나아가는 선수가 있는 반면 뒷걸음질하는 선수도 있다. 좀 더 깊이 생각해보면 두려움에 마주한 상황은 자신감을 얻기 위한 기막힌 찬스이다. 자신의 순수한 능력으로 두려움을 극복하는 경험은 큰 기쁨과 성취감을 맛보게 한다. 그리고 '내가 쉽게 할 수 있었던 것이었구나'를 깨달으면서 자신감이 일어난다. 이것을 마다하는 선수는 자신의 한계를 영원히 뚫을 수 없다. 지선이는 결국 생각을 바꾸지 못했다. 나와의 수업도 그것으로 끝났다. 그리고 지선이는 수년 동안 프로 입문에 도전했지만 결국 실패하고 말았다.

11. 멘탈 코칭이 이런 것인 줄 몰랐어요

사람들은 '골프 멘탈 코칭', '골프 심리상담'에 대해 잘 알지 못한다. '멘탈 코칭'을 받는다고 하면 선수, 부모, 심지어 지도자들까지도 그저 상담실에 마주 앉아 대화나 하는 것으로 알고 있다. 물론 대화나 상담을 통해 멘탈적 문제를 해결하기도 하고, 수업과 강의를 통해 심리학적 지식을 얻기도 한다. 하지만 골프 멘탈에서 정작 중요한 것은 수행할 때의 정신적 측면, 즉 샷하는 순간의 마음에 있다. 가령 타깃에 집중, 타깃에 반응, 무의식적 스윙, 즉흥적인 느낌에 의한 수행 등등. 이것을 한마디로 말하자면 '감각적 골프수행'이다. 이에 따라 배워야 할 점은 감각적 수행을 위한 태도와 마음가짐 그리고 이들과 연결된 심리적 현상들이다. 시합에 나서는 선수에게 '자신감을 가져라', '집중해라', '욕심을 버려라'와 같은 조언은 누구나 할 수 있는 말이다. 하지만 단순히 말로만 그치는 것에 머물러서는 안 되며 자신감을 갖는 방법, 집중하는 방법, 욕심을 내지 않고 플레이하는 방법을 구체적이고 실천적으로 알려주어야 한다. 그렇지 않으면 멘탈에 대한 조언은 공허할 뿐이다.

처음 만난 가은(가명)이는 19세 이른 나이에 KLPGA 준회원으로 입회했다. 가은이는 5년째 정회원이 되지 못한 것이 고민이었다. 친한 친구들 중에는 이미 1부 투어에 진출한 선수도 있었고 심지어 우승까지 거머쥔 친구도 있었다. 잘나가는 친구들을 보며 가은이는 마음이 답답했다. 친구들이 '너도 잘 될거야', '너도 할 수 있을 거야'라는 말을 들을 때면 슬프기도 하고, 화도 나고, 주눅도 들고 복잡한 마음이었다. 가은이는 빨리 정회원이 되어 2부 투어를 뛰고 싶었지만 여전히 3부 투어에 머물러 있는 자신을 한탄했다.

사실 가은이는 중고연맹 시합에서 우승 경력이 있을 만큼 실력이 있었다. 하지만 우승 이후 주목을 받은 시점부터 부담과 압박 때문에 극심한 슬럼프에 빠지고 말았다. 티잉 그라운드에 서면 페어웨이는 보이지 않고 OB만 보였다. 샷을 하는 것이 무서웠다. 설상가상으로 아버지로부터 '왜 그렇게 치는 거야?', '도대체 뭐가 안 되는 거야?'라는 말로 질책을 받았다. 가은이는 위로가 필요한 시점에 오히려 스트레스만 쌓여갔다. 2년 동안 우울증도 겪었으며, 실의에 빠졌다. 혼자 있을 때면 우는 날들이 많았다. 이렇게 힘들어하는 시간이 길어지니 그제야 아버지께서 '못 쳐도 괜찮아'라며 위로해주셨다. 다행히 그 위로 덕분에 준회원에 합격할 수 있었다. 하지만 이후에도 부정적인 생각은 습관처럼 떠올랐고, 실수에 대한 두려움을 떨치지 못했다. 노력한 만큼 성적은 나오지 않았고 3부 투어와 정회원 테스트에서는 번번이 실패했다. 답답한 시간은 계속됐다.

코칭을 시작한 당시, 가은이는 부모님과의 관계가 원만했다. 아빠랑 웃으며 대화할 때가 가장 행복한 순간이라고 말했다. 상담 중 가은이는 자신이 겪은 힘겨운 스토리를 말하면서도 미소를 잃지 않았다. 얼핏 보기에 골프에 대한 스트레스가 있었나 싶을 정도로 밝은 표정이었다. 가은이는 깜찍 발랄한 소녀의 모습으로 개성과 자존감이 있어 보였다. 골프가 정체된 이유가 사뭇 궁금했다. 상담을 마친 후 타석으로 올라가 샷하는 모습을 보았다. 그제야 그 이유를 알 수 있었다.

가은이는 스윙에 대한 생각이 많았고, 동작이 간결하지 못했다. 공에 힘이 실리지 않았고 방향성도 좋지 않았다. 가은이는 그동안 스윙 동작에 얽매인 연습으로 클럽헤드를 감각적으로 다루지 못했고, 이로 인해 타깃에 집중하는 골프를 할 수 없었다. 나는 우선 스윙의 기본적인 개념을 설명한 후 동작에 대한 생각 없이 오로지 공을 타깃으로 쳐 날리는 데 집중시켰다. 가은이는 공이 똑바로 날아가는 것에 놀라워했다. 공이 묵직하게 맞는 느낌에도 매우 만족했다. 가은이는 나의 요구에 거부감 없이 잘 따랐다. 두 번째 만났을 때는 타깃에 집중하는 루틴을 가르쳤다. 그리고 샷할 때 어떤 느낌을 사용해야 하는지, 어떤 생각을 해야 하는지, 골프를 대하는 태도와 시합에 대한 마음가짐에 대해서 알려주었다.

가은이는 원래 골프 멘탈에 대해 일체의 관심 없이 살아왔다. 멘탈 코칭을 받는다는 것을 그저 고민 상담이나 힘든 이야기를 털어놓으면서 위로와 공감을 받는 것으로만 알고 있었다. 그리고 누군가에 의해 자신이 바뀔 것으로 생각하지도 않았다. 나와의 수업을 진행하면서 가은이는 '멘탈 코칭이 이런 것인 줄 몰랐다'며 첫 시간부터 큰 관심을 보였다. 그리고 그동안 골프 멘탈에 관심을 갖지 못한 지난날을 후회했다. 이런 가은이가 멘탈 코치를 찾아올 수 있었던 이유는 바로 아버지 덕분이었다. 아버지는 수년 전 이미 내가 운영하는 밴드에 가입하셨고, 그동안 내가 쓴 글들을 모두 읽으셨다. 게다가 내가 출판한 대부분의 책을 구입하셨다. 물론 가은이는 하나도 읽지 않았다. 그리고 골프로 힘들어하는 딸에게 조언을 해주셨지만 가은이는 한 귀로 듣고 한 귀로 흘렸다. 아버지는 그때마다 '프로님께 한번 가보자'라며 가은이를 수차례 설득했지만 가은이는 모두 거절했다. 가은이 골프는 여전히 사경을 헤매며 지지부진한 성적을 이어가고 있었다. 그런 모습을 더는 지켜볼 수 없었던 아버지는 가은이에게 '마지막 기회라고 생각하고 딱 한 번만 가보자'고 간곡하게 부탁했다. 가은이는 마지못해 손을 들고 말았다. 이렇게 해서 가은이는 나를 만나게 되었다.

가은이는 내가 가르쳐 주는 내용들을 신기해했고, 골프의 새로운 면을 만나면서 흥미로워했다. 가은이는 '골프를 처음부터 다시 배우는 느낌'이라고 말했다. 가은이는 시합만 나가면 부정적인 생각 때문에 불안감이 컸고, 줄보기가 나오거나 자기가 생각한 대로 게임이 흘러가지 않으면 경기를 쉽게 포기했었다. 하지만 코칭 이후 자기 게임이 시작되면서 다음과 같이 말했다. "경기 중에 좋은 생각을 애써 하지 않아도 '할 수 있다'라는 생각밖에 안 들어요. 내가 집중해야 할 목표가 있기 때문인 것 같아요." 가은이는 코칭을 시작한 지 두 달 만에 언더파를 치기 시작했다. 골프에 대한 스트레스도 사라지고 자신감도 올랐다. 흥미도 붙기 시작했다. 가은이는 마지막 3부 투어 시드전에 출전하여 또다시 실패했지만, 이번엔 이전과는 다르게 달리 자신감을 얻었다. 그리고 다음 시합인 정회원 테스트를 준비했다.

그런데 안타깝게도 정회원 테스트를 얼마 남지 않은 시점에 어깨 부상을 입었다. 한 달간 연습을 할 수 없었다. 테스트 1주일 앞두고 나서야 다시 연습을 재개했다. 가은이는 그동안 연습을 하지 못해 걱정이 앞섰지만 의외로 잘 맞는 공에 놀랐다. 연습 라운드에서도 좋은 성적을 기록했다. 마침내 정회원 테스트에 출전한 가은이는 3라운드 최종합계 8언더파를 기록하며 무려 3위로 통과했다. 18홀 그린을 빠져나오는 순간 가은이는 벅찬 감격에 소름이 돋고 몸에는 전율이 흘렀다. 시합을 마친 가은이는 "그동안 너무 힘들었는데 이렇게 쉽게 합격해서 너무 기쁩니다. 아무 생각 없이 타깃만 보고 쳤드니 좋은 샷이 많이 나왔어요. 골프가 단순해졌고, 자신감이 생겼습니다. 진짜 골프는 감으로 하는 것이 맞습니다. 선생님 감사합니다!"라며 소감을 말했다. 5년 만에 정회원이 된 딸아이의 소식에 아버지는 그동안 북받쳤던 설움에 눈물을 흘리셨다.

골프에서 기술과 멘탈은 분리하여 생각할 수 없다. 왜냐하면 감각적인 샷이 되어야 타깃에 집중할 수 있고, 비로소 자기만의 골프를 통해 자신감을 얻을 수 있기 때문이다. 멘탈 코치로서 나는 심리상담뿐만 아니라 타석에서 클럽 헤드를 감각적으로 다루는 법, 힘을 쓰는 방식, 리듬감 있는 스윙, 휘두르는 법, 힘 빼는 법 그리고 가장 중요한 타깃에 집중/반응하는 루틴을 가르친다. 이는 공을 쳐서 날리기 위한 가장 단순하며 본능적인 방법으로써 단순히 눈에 보이는 '동작 중심적'이 아닌 눈에 보이지 않는 '감각 중심적'인 스윙교습이다. 이 과정에서 선수는 자신감, 집중, 마음비움, 평상심, 흥미, 자기주도적 태도 등 골프에 필요한 모든 정신적 요소를 얻을 수 있다. 가은이는 이제 점점 높아지는 자신감으로 더 큰 꿈을 키워나가고 있다. 자신만의 진짜 골프가 시작되었기 때문이다.

사랑은

사랑은

있는 그대로를 바라봐주는 것입니다.

(누구는 자꾸 바뀌라고 강요한다.)

사랑은

가만히 귀를 기울여주는 것입니다.

(누구는 자기 하고 싶은 말만 한다.)

사랑은

원하는 일을 할 수 있도록 도와주는 것입니다.

(누구는 자기가 원하는 일만 강요한다.)

사랑은

언제나 같은 편에 있어 주는 것입니다.

(누구는 자꾸 탓하고 책망한다.)

사랑은

스스로 할 수 있도록 기다려주는 것입니다.

(누구는 빨리 안 한다고 나무란다.)

사랑은

묻지 않고 안아 주는 것입니다.

(누구는 왜 우냐고 캐묻는다.)

사랑은

사랑한다고 말해주는 것입니다.

(누구는 너 때문에 못 살겠다고 한다.)

당신은 사랑하고 있나요?

제3장

골프를 잘하기 위한 마음

골프를 잘하기 위한 멘탈이 따로 있는 것은 아니다.
행복한 마음에서 골프 멘탈의 뿌리가 있다.
부모는 언제나 아이의 행복을 관리해야 한다.
그것이 성공의 밑바탕이며 지름길이다.

1. 자기 삶을 존중하라

자녀에 대한 부모의 영향력은 절대적이다. 왜냐하면 부모와 자식 관계는 가장 특별하고 밀접하며, 함께 보내는 시간 또한 가장 많기 때문이다. '아이는 부모의 거울'이라는 말이 있듯이 부모의 세계관, 가치관, 인생철학에 따라 아이의 사고 방식이 결정된다. 주니어 골프선수도 예외가 아니다. 골프에 대한 부모의 사고방식은 선수의 게임 방식을 만들고, 골프를 대하는 태도를 만든다. 선수에게 멘탈 문제가 있다면 아이만 탓할 것이 아니라 부모 자신의 문제에서 비롯될 수 있음을 고려해야 한다.

모든 부모는 자녀의 성공을 바란다. 나 역시 지도하는 선수들의 성공을 간절히 바란다. 하지만 모두가 성공할 수는 없다. 왜냐하면 1부 프로대회 우승자는 극소수에 불과하고, 우승에 도전하는 선수들은 수천 명이기 때문이다. 이러한 조건 안에서 어른들은 과연 아이들에게 무엇을 가르쳐야 할까? 자칫 짧은 생각으로 골프선수로서의 성공만이 인생의 전부라고 가르칠 수 있다. 그래서는 안 된다. 골프가 인생의 전부가 돼버리면, 성공하지 못한 선수들은 은퇴 후 패배자의 마음으로 살아갈 가능성이 높다. 내가 지도자로 근무했던 한국체대에는 아마추어 랭킹 최고의 선수들이 입학한다. 국가상비군이나 국가대표를 지낸 선수도 있지만, 졸업 후 투어에서 성공 가도를 달리는 선수가 있는 반면, 그렇지 못한 선수도 있다. 사실 성공하지 못한 선수가 더 많다. 그들은 남들이 우러러볼 만한 대한민국의 골프 전문가임에도 불구하고 1부 투어에 진출하지 못한 자신을 창피하게 여기며 타인의 시선 앞에 당당하지 못하다. 자신을 숨기는 모습이 역력하다.

여기서 생각해볼 문제가 있다. 골프선수의 성공이 반드시 1부 투어에 진출해서 우승해야만 하는 것인가? 그렇지 않다. 자신의 특기인 골프를 접목하여 교육, 경영, 경제, 마케팅, 제조, 서비스, 영업 등 다양한 직종에서 활동할 수 있다. 그럼에도 불구하고 대부분의 프로 골퍼들은 좀처럼 레슨 외에는 다른 일을 생각하지 못한다. 특히 '마땅히 할 것이 없어서 한다'는 생각으로 레슨하는 사람들은 일에 대한 재미를 느끼지 못할뿐더러 삶이 행복하지도 않고 수입도 변변치 않다. 힘든 삶을 살아갈 가능성이 크다. 간혹 '레슨으로는 먹고살기 힘들다'라는 푸념과 함께 다른 직종으로 이직하는 경우가 있다. 하지만 새롭게 시작하는 일도 성공할 수 있다는 확신이 없고 생활을 위해 어쩔 수 없이 하는 일이기 때문에 힘들기는 마찬가지다. 이런 마음으로 어느 영역에서 무슨 일을 하든, 과연 성공하겠는가?

문제는 자신의 삶을 대하는 태도에 있다. '직업에는 귀천이 없다'는 말이 있듯이 '어떤 일을 하느냐'가 중요한 것이 아니라 '어떤 마음가짐으로 하느냐'가 중요하다. 사람들이 가장 선호하는 직업인 의사, 교수, 법조인이라 할지라도 직업윤리를 지키지 못하고, 돈만 밝힌다면 지탄의 대상이 된다. 심지어 사고도 발생한다. 실제로 우리는 이런 사람들이 감옥에 가는 모습을 TV를 통해 종종 접한다. 아무리 좋은 직업일지라도 가치관과 마음가짐이 잘못되면 떳떳하지 못하고 불행한 삶을 살게 된다. 또한 재산이 많은 기업 대표가 극단적인 선택을 했다는 소식도 접한다. 과연 돈 많고 좋은 직업을 가진 것이 인생의 성공이라 말할 수 있는가? 반면 청소부나 수리공, 대리기사와 같은 일을 한다고 해서 삶이 불행한가? 수입이 적을지라도 자기가 하는 일에 보람과 즐거움을 추구한다면 어떤 일을 하더라도 떳떳하고 행복할 수 있다. 프로 골퍼가 레슨으로 먹고살기 힘들다며 이직한다면 이 사람은 다른 어떤 직업을 만나도 또다시 불만을 품게 된다. 문제는 일 자체가 아니라 마음가짐이다. 레슨을 즐기고 보람을 느끼는 사람은 더 열정적으로 어떻게 하면 더 잘 가르칠 수 있을까를 연구한다. 그리고 진실한 마음으로 고객의 실력향상을 위해 애쓴다. 이런 마음이 통하면 모든 고객은 나의 영업사원이 되어 주변 사람들을 추천한다. 그러면 '레슨으로 돈 많이 버는 프로'가 된다. 바로 선순환 구조이다.

어떤 일을 하더라도 혹은 자신에게 어떤 일이 닥쳐도 자신의 삶을 존중한다면 자신감 넘치고 행복한 삶을 살 수 있다. 이런 마음이라면 실패에도 절망하지 않고, 패배에도 좌절하지 않는다. 또한 오뚜기처럼 다시 일어날 수 있는 강한 힘과 회복력을 가진다. 반면 자신의 삶을 존중하지 못하는 마음은 한 번 쓰러지면 일어나기가 힘겹다. 자신의 환경과 조건에 불만이 많고, 부모 탓, 남 탓하기 바쁘다. '마땅히 할 것이 없어 한다'는 레슨 프로들은 연습장 탓, 레슨비 탓, 고객 탓, 업주 탓만 일삼는다. 자신의 실력을 키울 생각은 안 하고 요행만 바라는 삶을 산다. 자신감은 없고, 어떻게 살아가야 할지 걱정이 앞선다. 모든 것이 두렵고, 우울한 삶이 되기 쉽다.

그렇다면 삶의 초년기에 있는 우리 아이들을 어떻게 지도해야 하는가? 바늘구멍 같은 목표 하나만 보고 달리게 해야 하는가? 골프가 인생의 전부인 것처럼 가르쳐야 하는가? 골프선수라고 할지라도 골프는 인생의 일부분에 지나지 않는다. 어느 누구도 평생 골프를 위해 살아야 한다고 신의 계시를 받고 태어난 사람은 없다. 부모는 돈이 많이 들어간다고 해서 아이에게 골프에 대한 책임을 떠넘겨서는 안 된다. 아이들에게도 자신이 좋아서 선택할 권리, 싫어서 포기할 신성한 권리가 있다. 어떤 것을 선택하든 자신의 삶을 존중하도록 가르쳐야 하며, 결과 중심의 가치관보다 올바른 마음가짐에 대해 가르쳐야 한다. 여전히 골프가 좋아서 선수의 길을 계속 간다면 그렇게 응원하면 되는 것이고, 또 다른 일을 선택한다면 또 그렇게 응원하면 될 일이다. 한때 골프선수로서의 경험이 다른 일에서 빛나게 도움이 될 수도 있다.

그까짓 골프 성적이 뭐 그리 중요한가. 나의 제자 중 한 명은 1부 투어에서 2승 이상의 좋은 결과를 냈지만 한 번 시드 유지에 실패했다는 이유로 은퇴했다. 다른 선수들은 평생 1승 하기도 어려운 일인데 참으로 아쉬운 결정이다. 이 선수는 골프가 '재미있지 않다'는 말을 입버릇처럼 해왔다. 다행히 멘탈 코칭을 받고서 우승 트로피를 들어올리긴 했지만, 결국 더 높은 목표를 향한 열정에는 불을 지피지 못했다. 나이 서른이 채 되기 전의 은퇴이다. 평생 골프선수로서 살아가는 외국 선수들과는 대조적이다. 이 선수의 골프 여정에는 부모로부터 비롯된 스트레스가 있었다. 코칭 과정의 주요 내용은 부모 스트레스에 대처하는 법이었다. 결국 부모의 집착과 욕심이 자녀의 선수 생활을 단축시키고 말았다. 재능 있는 선수로서 안타까운 일이다. 성적으로 아이를 다그치고 싶다면 부모 자신의 욕심과 집착이 아닌지 생각해볼 일이다.

아이러니하게도 골프를 잘할 수 있는 최상의 멘탈은 부모든 선수든 골프에 집착하지 않고 스트레스를 받지 않으며, 골프 본연의 재미를 추구할 때 만들어진다. 마음의 원리는 단순하다. 집착을 버리면 괴로움이 사라지고 욕심을 버리면 불안이 사라진다. 그 상태가 바로 행복이다. 행복은 맑고 깨끗한 정신과 여유롭고 평화로운 마음에서 비롯된다. 자신을 비난할 이유도 없고, 타인의 눈치를 볼 필요도 없다. 과거의 실수에 집착할 필요도 없고, 미래의 일로 걱정하지 않아도 된다. 바로 이런 마음이 깨어 있는 현재의 집중이며 우승 마인드의 시작이다.

2. 투어 챔피언이 되는 길

한때 드라마 'SKY 캐슬'이 최고시청률을 기록하며 주가를 높였다. 'SKY 캐슬'은 대한민국 상위 0.1%가 모여 살면서, 자식을 명문대에 보내기 위한 부모의 탐욕을 풍자한 드라마이다. 극 중에서는 공부시키는 방식을 두 가지 형태로 보여준다. 하나는 오로지 명문대 입시를 위해 수단과 방법을 가리지 않는 방식, 그리고 다른 하나는 아이에게 공부와 입시로 압박을 주지 않고 아이의 건강한 마음을 중요시하는 교육방식이다. 전자의 방식은 전교 1등도 하고 명문대에 입학할 수 있지만 아이의 인성이 비뚤어지거나 부모와의 갈등으로 삶이 힘들어질 수 있다. 심지어 우울증을 앓고 극단적인 선택도 한다. 드라마에서는 거짓말로 하버드 대학에 합격했다고 부모를 속여 위장 유학을 떠났다. 모두 부모의 욕심대로 아이를 끌고 간 결과이다. 후자의 방식은 사교육을 받지 않고, 큰돈을 들이지도 않고, 아이에게 공부로 스트레스를 주지 않는다. 그럼에도 불구하고 아이는 건강한 정신으로 함께 전교에서 상위권의 성적을 유지한다. 물론 드라마 속 꾸며낸 이야기이지만 모두 현실의 실정을 반영한 스토리이다.

이 스토리는 골프와 똑 닮았다. 오로지 성적을 위해 아이를 다그치고 질책하는 교육방식, 무조건 '열심히'를 강요하며 양적인 훈련을 중시하는 교육. 이러한 방식이 그럴듯해 보이지만 기대하는 만큼의 결과는 나오지 않는다. 만약 이런 방식으로 프로 골퍼가 되고 우승한다 해도 선수 생활에 진정한 행복감을 느끼지 못할 것이다. 이는 명문대에 입학하고도 비극적인 선택을 했던 극 중 이야기와 다를 바 없다.

오른쪽 그림은 골프선수가 투어챔피언이 되는 여러 가지 길을 표현하고 있다. ①번은 선수와 부모가 쉽게 생각하는 길이다. 마치 드라마 'SKY 캐슬'에서 성적을 위해 수단과 방법을 가리지 않는 방식과 같다. 부모는 선수들이 한눈팔지 않도록 감시하고 앞만 보고 달리도록 채찍질한다. 레슨을 많이 받고, 무조건 연습의 양으로만 해결하려는 방식이다. 성공을 위한 가장 빠른 길이라고 여긴다. 하지만 시간이 흘러 강 앞에서 한계를 만난다. 조금만 더 하면 될 듯하지만 생각대로 되지 않는다. 결국 강 건너 챔피언

이 된 다른 선수의 모습만 바라본다.

②번에 머물러 있는 선수들은 '자신감의 강'을 건너지 못해 실력이 정체되어 있거나 슬럼프에 빠져 있다. 그토록 열심히 해왔음에도 불구하고 자신의 골프가 왜 안 되는지 모른다. 때로는 소질과 재능을 탓하고, 자신의 어려운 환경을 탓하며, 지도자를 탓하기도 한다. 골프가 삶의 전부가 돼버려 다른 곳에는 관심 갖지 못한다. 이런저런 방법을 시도해보지만 마음만 답답하다. 더 열심히 노력할수록 올가미가 조여오듯 더 깊은 수렁에 빠져든다. 자신감은 점점 떨어지고 두려움만 커진다. 마음의 상처만 커지고 결국 골프를 떠난다. 대부분의 선수들이 겪는 과정이다. 간혹 스스로 깨달음을 얻은 선수들이 ③번 길을 찾아가기도 하지만 지극히 일부에 불과하다.

④번은 그간 자신이 해오던 방식에서 벗어나 전면적인 변화를 시도하는 길이

다. 이 길은 자신을 돌아봐야 하므로 시간이 필요하다. 그동안 무엇을 잘못했는지, 무엇을 어떻게 개선할지 고민한다. 욕심과 집착이 무엇인지 깨달아야 한다. 때로는 그동안 해왔던 익숙함을 버리고 불편함을 받아들여야 한다. 새로운 시도 앞에 용기가 필요하다. 두려움이 가로막기도 한다. 이 길은 마치 지금껏 애써왔던 길을 거꾸로 되돌아가는 것처럼 느껴지기 때문에 마음이 무거워진다. 자신의 골프인생을 모두 부정해야 하므로 스스로 변화하기는 쉽지 않다. 길을 안내해줄 좋은 지도자를 만나야 한다. 마침내 자신을 변화시키는 데 성공하면 자신감의 강을 건널 수 있는 ⑤번 길을 만난다.

⑤번은 성공의 길이다. 오로지 앞만 보고 가는 것이 아니라 주변을 살피며 여유롭게 나아간다. 선수는 골프에만 몰두하지 않고 휴식과 취미를 즐기며 살아간다. 어른들은 선수를 다그치기보다 잠재력을 믿고 스스로 터득할 수 있도록 기다린다. 이런 방법은 지름길처럼 보이는 ①번 길을 제쳐두고 멀리 돌아가는 것처럼 보인다. '급할수록 돌아가라'는 말이 떠오른다. 마음의 여유가 있는 선수는 자발적 동기로 자기주도적인 골프를 한다. 이러한 과정에서 감각 플레이를 통한 자기 골프가 완성된다. 감각 플레이는 곧 자신에 대한 무한신뢰이다. 이렇게 생성된 자신감은 집중력을 높이고 창의적인 플레이를 가능하게 해준다. 그리고 많은 시행착오 속에서도 좌절하지 않으며, 결국 자신도 모르게 자신감의 강을 건넌다. ⑤번 길이 바로 드라마 'SKY 캐슬'에서 보여준 자기주도 교육과 흡사하다.

현실적인 이야기를 해보겠다. 주니어 선수 생활을 마치면 프로 진출을 시도한다. ①번 길을 걸어온 선수라 하더라도 KPGA, KLPGA 준회원 혹은 정회원이 되기도 한다. 운도 따르고 잘해온 선수라면 1부 투어에도 진출한다. 하지만 1부에 올랐다 하더라도 선수층은 보이지 않게 나뉜다. 크게 세 부분으로 나누면 항상 상위권에 있는 선수들, 예선 통과는 하지만 좀처럼 상위권에 오르지 못하는 선수들, 마지막으로 늘 예선 탈락을 걱정하는 선수들이다. 선수로서 성공하려면 늘 상위권에 있는 선수여야 한다. 반면 예선 탈락을 걱정하는 선수가 된다면 매주 지출되는 경비로 인해 빚만 쌓이게 된다. 주니어 골퍼 부모들은 이 과정을 겪어보지 않았기 때문에 1부에만 올라가면 다 된 것처럼 착각할 수 있다. 자칫 '빛 좋은 개살구' 신세가 된다. 그저 '언젠가는 되겠지'라는 막연한 생각이라면 결국 한계에 부딪힌다. 이때 부모들은 급하게 몰아붙였던 지난날을 후회한다.

3. 부모의 양육 태도가 미래를 결정한다

나는 20세에 골프를 시작해서 12년 만에 프로 입문에 성공했다. 프로 테스트에 14번 떨어졌다. 남들에 비하면 두 배 이상의 시간이다. 건장한 체격에 운동을 좋아했고, 운동을 못하는 편도 아니었다. 그래서 한국체대 입학을 결심했고, 입시 실기 성적도 잘 받았다. 하지만 골프 시작 후 열심히 노력했음에도 불구하고 실력이 정체되면서 뜻대로 되지 않았다. 결국 서른 살이 될 무렵 '프로가 되지 못하면 어떻게 될까, 내 인생은 어떻게 될까' 하는 두려움이 찾아왔다. 10년 남짓 우울한 시간을 보낸 후에야 비로소 문제는 마음에 있음을 깨달았다. 사실 나는 중고등학교 때도 나름대로 열심히 공부했지만 상위권에는 오르지 못했다. 근근이 반에서 10등 안에 드는 정도였다. 공부뿐만 아니라 주변으로부터 '무엇이든 열심히 한다'라는 평가를 받았다. 이제 와서 돌이켜보면 공부가 잘되지 않았던 것도 마음의 문제였다. 골프나 공부나 근본적인 문제는 마음에 있었다.

골프 실력이 연습량으로 결정되는 것이 아니듯이 공부 성적 역시 책상에 앉아 있는 시간 또는 다니는 학원의 개수로 결정되지 않는다. 공부 성공 역시 자발성, 자기주도성, 그리고 집중력이 더 중요하다. 이것을 가능하게 하는 정신적 측면을 한마디로 이야기하자면 '정서적 안정'이다. 정서란 사전적 의미로 사람의 마음에 일어나는 여러 가지 감정, 또는 그 감정을 일으키는 기분이다. 머리에서의 활동을 인지라 한다면 정서는 가슴에서의 활동이다. 여기서 주목해야 할 점은 정서란 장기적으로 혹은 지속적으로 느끼는 감정 또는 마음 전반에 깔린 감정과 기분이다. 정서의 형성은 특정 사건으로 인해 형성되기보다 출생 이후 성인이 되기까지 전반에 걸쳐 진행된다. 여기에 가장 큰 영향력은 단연 부모의 양육 태도이다.

부모로부터 비난과 지적, 폭력과 압박을 받아온 아이는 우울하고 무기력해지기 쉽다. 부모로 인해 스스로를 비난하는 부정적인 자아상을 가졌기 때문이다. 그 결과 타인으로부터 자신을 보호하는 방어기제가 발달하고 이는 곧 문제행동으로 나타난다. 거짓말을 자주 하는 아이, 두통이나 복통을 자주 호소하는 아이, 무기력한 아이, 걱정이 많은 아이, 공격성이 있는 아이, 폭력적인 아이, 감정표현이 없는 아이, 친구를 사귀지 못하는 아이 등이 이에 해당한다. 이런 아이들의 문제가 바로 정서적 불안이다. 정서가 불안하다는 것은 자신이 처한 모든 환경을 불안전하게 느끼는 상태이다. 외부의 상황을 위협으로 인식하면서 마음의 사주경계로써 자신을 보호하는 데 집착한다. 현재에 집중할 수 없는 마음 구조이다. 실수와 실패가 반복되면서 자신감이 떨어지며 결국 무기력해진다. 공부나 골프가 잘 될 리 없다. 더 큰 문제는 성인이 되어 어떤 일을 해도 행복한 삶을 꾸리지 못한다.

심리학적 지식이 없는 부모, 특히 자신의 정서가 불안한 부모는 아이가 못마땅하게 보이고, 아이의 부족한 점이 많아 보인다. 또는 아이가 게을러 보이고 매사에 서툴러 보인다. 특히 자수성가했거나 명문대 출신, 혹은 전문직에 종하하며 소위 잘나가는 부모들 중에는 아이들의 정서적 안정에 도움이 되기보다 방해가 되는 경우가 적지 않다. 자신의 인생철학을 주입하기 위해 애쓰고, 자신의 방식이 아니면 틀렸다고 생각한다. 나 역시 아버지로부터 많은 강요와 비난을 받았다. 공부에 대한 강요를 받았고, 일탈행위에 대해서는 폭력을 당했다. 칭찬과 격려보다는 지적과 훈계가 많았고, 인격적인 비난이 잦았다. 나는 결국 정서적으로 불안한 아이가 되었다. 나의 문제행동으로는 무기력과 우울감을 비롯하여 매사에 자신감이 없었고, 열등감과 완벽주의 성향도 있었다. 또한 공격성을 보였으며 감정표현도 미숙했다. 이러한 심리상태는 친구들과도 원만하게 지내지 못하도록 만들었다.

초등학교 시절, 교실에서 덩치 큰 아이와 시비가 붙으면 도망가기 바빴고, 도망갈 구멍이 없으면 나는 마치 사자 앞에서 겁에 질린 사슴처럼 꼼짝하지 않고 일방적으로 맞았다. 그렇다고 내가 싸움을 못하지는 않았다. 이길 만한 아이들과는 적극적으로 맞섰다. 하지만 키가 크고 덩치 큰 아이들이나, 질 것 같은 상대에게는 무기력했다. 중고등학교에 올라가서도 친구들과 치고받고 싸우는 일이 잦았다. 나의 심리적 문제는 모든 일을 원만하게 풀지 못하도록 만들었고, 결국 공부도 골프도 더디게 만들었다. 나는 이것을 30세에 이르러 깨달았다. 그리고 50세가 되어서야 아버지께서도 불안으로 인해 정서적 불안정한 삶을 살아오셨음을 깨닫고 있다. 보릿고개를 넘으며 가난에 찌들었던 삶 속에서 정서적 안정이 쉽지 않았을 것이다.

골프가 멘탈게임이라고 강조하지만, 세상만사 멘탈게임이 아닌 일이 없다. 다른 조건이 좋거나 많은 시간과 돈을 투자하더라도 정서가 불안하면 집중력 저하로 일의 효율은 현저히 떨어진다. 무슨 일이든 자기결정권으로 집중력을 발휘해야 성공할 수 있다. 부모는 아이의 정서적 안정을 위해 자존감에 주의를 기울여야 한다. 자신을 긍정적으로 여기는 마음이 클 때 여유로운 마음이 되고 설령 고난과 역경이 찾아와도 회복력이 빠르다. 회복력은 명문대 간판, 대기업 취업, 남들 보기 좋은 화려한 직업 혹은 상비군, 국가대표, 정회원 자격과 같은 보이는 것에서 나오는 것이 아니다. 그 힘은 바로 성장기에 형성된 자존감에서 나온다. 골프가 정체되었을 때 엉뚱한 곳에서 답을 찾으려 한다면 결국 선수는 상처만 받고 시간만 허비할 뿐이다.

부모는 아이의 자존감을 위해 양육 태도에 각별히 신경 써야 한다. 대화와 소통, 존중과 인정, 칭찬과 격려와 같은 긍정적인 태도로 자녀와의 신뢰를 쌓아야 한다. 그 신뢰는 하루아침에 이루어지지 않지만, 한번 형성되면 잘 깨지지 않는다. 반면 부모가 아이를 비난하고 지적하는 존재로만 있다면 아이는 항상 방어태세를 취하며 부모를 신뢰하지 않는다. 멘탈 코칭을 하면서 가장 힘든 사례 중하나는 바로 부모와 아이 사이에 신뢰가 깨진 경우이다. 관계 개선이 되지 않는다면 아무리 좋은 코칭을 받더라도 아이의 정신건강은 나아지지 않는다. 여기서의 정신건강은 성공적인 선수 생활을 위한 자신감과 집중력 그리고 자발적이고자기주도적인 태도를 의미한다.

교육이 더욱 힘든 사례가 있다. 그것은 부모가 주는 스트레스에 지쳐 의지와동기가 부족한 아이들이다. 특히 자존감이 낮은 아이들이 무기력하다. 이 아이들은 의욕 자체가 없으니 상담실 테이블 앞에 앉히는 것조차 쉽지 않다. 뭐라도의지가 있어야 변화를 시도할 수 있다. 오랜 시간 동안 부정적 자극을 받아온선수는 그만큼 마음이 위축되어 새로운 것을 잘 받아들이려 하지 않는다. 정서적 안정이 한번 깨지기 시작하면 선수도 부모도 골프의 길을 잃기 쉽다. 더 멀어지기 전에 돌아와야 한다.

4. 강압적인 방식, 나도 따라 해야 하는가?

부모는 아이들이 공부를 하든 골프를 하든 하나같이 열심히 하기를 바란다. 골프 연습에 많은 시간을 보냈으면 하는 것이 공통된 마음이다. 하지만 아이들이 내 마음처럼 따라주지 않으니 부모는 나름의 방안을 모색한다. 모두 아이들의 태도를 변화시켜서 열심히 하도록 만들려는 의도이다. 아마도 다음과 같은 유형들을 생각해볼 수 있다.

1. 폭력과 욕설 같은 강압적인 태도로 연습량을 강요한다.
2. 좋지 않은 성적을 빌미로 끊임없이 다그친다.
3. 달콤한 보상을 제시하여 더욱 열심히 하도록 유도한다.
4. 다른 아이와 은근히 비교하여 승부욕을 자극한다.
5. 성적을 내지 못하면 골프를 그만두게 할 것이라고 협박한다.
6. 지도자한테 은근히 압력을 가해 연습량을 늘리게 한다.
7. 스윙의 결점을 자꾸 지적하며 연습을 종용한다.
8. '너는 운동신경이 떨어지니', '늦게 시작했으니'라는 말로 재촉한다.
9. 골프에 들어가는 비용을 빌미로 압박한다.

또 뭐가 있을까? 부모들은 이런 방법들이 태도를 바꿔 조금이라도 '더 열심히 하겠지'라고 기대한다. 하지만 태도가 바뀐다고 하더라도 내적 동기가 아니기에 오래가지 못한다. 재미는커녕 오히려 스트레스만 받고 어른들의 눈치만 보는 연습이 되기 쉽다. 어떤 부모들은 '유명 선수의 부모 중에는 폭력과 욕설, 강한 압박으로 성공했다'고 말한다. 그래서 자신도 그렇게 해야 하는지 고민이라고 털어

놓는다. 만약 이러한 방법이 옳은 방법이라면 실패한 사례보다 성공한 사례가
더 많아야 한다. 하지만 현실은 그렇지 않다. 성공 사례는 손에 꼽을 만큼 극소
수에 불과하며, 반대로 실패 사례는 셀 수 없이 많다. 성공 사례를 분석해보면
선수만의 특수성이 있었다고 생각된다. 다시 말해 정작 좋은 경기력을 갖출 수
있는 주된 이유는 따로 있었고 여기에 부모의 강압이 불필요하게 덧붙었을 뿐이
다. 부모의 강압적인 태도가 없었더라도 선수는 똑같은 결과를 낼 수 있었고, 어
쩌면 더 건강한 멘탈로 더 좋은 성과를 낼 수 있었을지도 모른다.

부모의 강압적인 태도로 인해 일시적인 성과를 얻었을지라도, 삶의 행복은 장
담할 수 없다. 좀 더 긴 인생을 고려해보면, 앞으로 어떤 삶을 살아갈지 알 수
없다. 어쩌면 겉으로는 '성공했다'고 여길지라도 그것이 진정한 설공이 아닐 수
도 있다. 부모로부터 억압받은 시간만큼 나쁜 인성과 비뚤어진 가치관을 가질
수 있고 혹은 마음의 병이 생길 수도 있다. 실제로 은퇴한 스포츠 스타 선수 중
에는 일탈행동으로 정상적이지 않은 삶을 사는 사람들이 있다. 헤비급 세계 챔
피언 마이클 타이슨은 복싱으로 번 3,000억 원의 돈을 탕진하고 파산했으며 성
폭행과 이혼 등으로 순탄치 않은 삶을 살았다. 미국 프로미식축구리그(NFL) 은
퇴 선수 중 78%가 2년 안에 파산하고, 프로농구리그(NBA) 은퇴 선수 중 60%가
5년 안에 재정적인 어려움을 겪는다는 통계도 있다. 골프 황제 타이거 우즈 또
한 불륜과 이혼 등으로 많은 사람들로부터 지탄받았다. 뿐만 아니라 부모의 잘
못된 가치관이 선수의 일탈로 이어지는 경우도 있다. 다른 스포츠에서도 약물복
용, 승부조작, 부정행위 등 선수의 일탈이 심심치 않게 발생하며, 골프에서도 오
구 플레이를 즉시 신고하지 않아 징계를 받는 일도 있었다. 당시 부모는 선수의
부정행위를 묵인했다.

부모들은 강압적인 방법을 사용한 일부 극소수의 사례를 성급하게 일반화해서

는 안 된다. 만약 강압적인 방법을 사용하고자 하는 것은 조급한 부모의 마음이자 집착이며 욕심이다. 근거 없는 특수한 사례에 기반하여 자식을 대상으로 도박을 감행해서는 안 된다. 보이는 것이 다가 아니다. 만약 보이는 것에 성공의 비결이 있었다면 성공하지 못할 선수는 없다. 맹목적으로 따라 하는 행태는 무지의 산물이다. 한때 박세리 선수의 아버지가 밤중에 공동묘지에서 담력 훈련을 시켰다는 이야기가 돌았다. 당시 몇몇 부모들이 진짜로 아이를 공동묘지로 데리고 갔다고 한다. 나중에 박세리 선수가 밝히길, 집에 가는 길에 묘지가 듬성듬성 있었다는 이야기가 그렇게 와전되었다고 했다.

LPGA 통산 25승을 기록한 박세리 선수 역시 선수 생활이 행복하지 않았다고 고백했다. 박세리 선수는 아버지의 지도 아래 연습 외에는 아무것도 모르고 살았다고 토로했다. 슬럼프에 대비해 단 한 순간의 빈틈도 허락하지 않았고, 철저한 컨디션 관리 속에 무조건 열심히 했다. 힘든 것도 내색하지 않았고, 아픈 것도 숨기며 지냈다. 쉬고 싶어도 쉬지 않았고, 놀고 싶어도 놀지 않았으며, 좋은 것도 가슴에만 담아두었다. 오로지 골프만 쳤다. 박세리 선수는 당시 이런 삶이 자기 관리를 굉장히 잘하는 것이라고 생각했지만, 나중에서야 오히려 자기 관리를 정말 못한 것이었다고 후회했다. 많은 승수에도 불구하고 슬럼프는 찾아왔다. 급기야 티잉 그라운드에 서면 드라이버를 어디로 쳐야 할지 모를 정도로 머리가 하얗게 돼버렸다. 골프 말고는 할 줄 아는 게 없었고, 연습장-숙소-골프장만 다람쥐 쳇바퀴 돌 듯 살아왔던 탓에 다른 선수들과의 교류도 없었다. 아버지가 골프만 가르쳐줬을 뿐, 쉬는 법은 알려주지 않았다면서 눈물을 흘리며 후회했다. 박세리 선수는 숨은 쉬고 있지만 아무것도 할 수 없는 식물인간과 같았다고 지난날을 회상했다. 이제 박세리 선수는 뒤늦게 깨달은 이 교훈을 후배들에게 전하고 싶어 한다. "할 수 있는 만큼 최선을 다하되 대회나 훈련이 끝나면 다른 활동을 하며 재미있게 시간을 보내라. 최선을 다하는 것도 중요하지만 이보다 더 중요한 것은 얼마나 즐기고 있느냐이다. 이것이야말로 진짜 '열심히'의 의미이다."

부모는 부정적인 방법으로 선수를 다그치기보다 자발적 동기를 유도해야 한다. 자발적 동기는 결과에 대한 압박보다 과정의 즐거움에서 나와야 한다. 언젠가 리듬체조 선수 손연재가 TV에 출연해 어린 후배 선수에게 조언했다. "금메달을 따야 한다고 생각하면 떨리고 힘들지 않니? 언니도 항상 그게 힘들었어. 왜냐하면 나중에 사람들이 금메달 따는 걸 기대하고, 금메달이 아니면 잘못한 것처럼 이야기하잖아. 사실 작품을 완벽하게 해냈을 때 그게 금메달보다 더 멋진 것이고, 그 자체로 금메달이야. 너무 금메달만 생각하면 나중에 체조가 재미없어질 수도 있어. 왜냐하면 좋아서 하는 건데 자꾸 금메달을 못 따면 내가 잘못한 거라고 생각하잖아. 그렇게 생각하면 너무 슬프잖아. 금메달을 따는 리듬체조 선수가 아니고 행복한 리듬체조 선수가 됐으면 좋겠어." 또한 그녀는 이런 말도 했다. "정말 결과에 상관하지 않고, 끝까지 제가 연습한 것을 보여주고, 매트에서 웃으면서 나오는 것이 목표였는데, 그 목표 하나는 제가 이룬 것 같아서 너무 기쁘고 행복해요." 손연재 선수는 '금메달'이라는 결과 자체보다는 과정에 집중한 즐거움과 중요성을 강조한다. 그리고 체조에 대한 재미와 행복한 선수 생활의 중요성을 언급하며, 결과에만 매몰되면 결국 흥미를 잃고, 목표를 이루지 못한 자신을 비난할 수 있다고 경고한다. 스포츠 상황에서의 그 마음은 리듬체조나 골프나 다를 바 없다.

손연재 선수는 2016년 리우 올림픽에서 아시아 최초 4위를 기록했다. 아주 훌륭한 경기를 펼쳤음에도 불구하고, 당시 일부 언론은 '실패로 돌아간 전략', '빗나간 과녁', '메달 획득 실패' 등 질책성 기사를 쏟아냈다. 모두 결과에 집중된 마음에서 비롯된 것이다. 그러나 손연재 선수는 이런 부정적인 반응에 개의 치 않고, 자신만의 목표를 이룬 올림픽 무대를 가장 행복한 경기로 기억한다. 사 실 손연재 선수의 올림픽 4위는 백 번 칭찬해도 부족함이 없는 대단한 기록이 다. 리듬체조 불모지에서 이룬 최고의 성적은 칭찬과 축하를 받아 마땅하다. 그 런데도 우리는 마음 한편에 못내 아쉬움을 품고 있다. 결국 우리는 메달이라는 결과만을 바라는 '자기중심적 사고', '결과 중심적 사고'에 갇혀 있다. 어른들은 한 해 동안 열심히 운동해온 선수들에게 어떤 메시지를 주고 있는가? 좋은 결과 가 있었음에도 불구하고 여전히 채찍질하는가? 아니면 질책하며 '더 열심히'를 강조하는가? 선수를 중심으로 두고 생각한다면 결과에 상관하지 않고 선수가 노 력해온 한 해의 수고를 진심으로 격려해야 한다. '열심히'의 동기는 선수 자신의 내부에 일어나야 한다. 부모들의 얄팍한 술수로써 선수들의 태도를 바꾸려 하기 보다는 재미있게 골프를 즐기고 행복한 선수로 성장하도록 도와야 한다.

5. 자기주도적인 태도, 아들의 도전

아들이 세상으로 나온 날, '이것이 내 아이인가? 어떻게 이런 것이 뱃속에서 나올 수 있는가?' 하는 마음뿐이었다. 첫 아이였는지라 우리 부부에게는 모든 것이 신기한 경험이었다. 기쁨과 행복, 신기함과 놀라움, 다행스러움과 아쉬움 등 만감이 교차한 날이었다(갓 태어난 아기가 이렇게 못생긴 줄 처음 알았다). 그런 아들이 아무 탈 없이 5살이 되어 유치원에 입학했다. 그런데 선생님을 만나고 친구들을 만나기 시작했을 때, 우리 아들이 약간 내성적인 성격임을 알게 되었다. 말수가 적었고 표현이 활발하지 않았다. 어떤 활동을 할 때 집중하면서 적극적으로 참여하는 모습이 보이지 않았다. 아내는 이런 아들을 걱정했다. 나는 아내에게 "우리 아이가 아직은 세상에 적응이 안 된 것 같으니까 너무 조바심을 갖지 말자"고 안심시켜주었다.

아이가 초등학교에 갓 들어갔을 때의 일이다. 어느 날 선생님께서 아이들을 그룹별로 자리를 배정해주었다. 그런데 학부모 사이에서 소문이 돌았다. 한 그룹을 학습이 다소 부진한 아이들로 구성했다는 것이다. 우리 아이도 끼어 있었다. 어떤 엄마는 '왜 우리 아이가 거기에 있느냐'고 항의했고, 또 어떤 엄마는 그 그룹에 배정된 아이들과 노는 것을 꺼렸다. 참으로 안타까운 일이었다. 아내도 속상하기는 마찬가지였다. 나는 선생님이 그럴 리가 없다고 생각했고, 우리 부부는 그저 기다려보기로 했다. 나는 우리 아이의 학습 능력이 다른 아이들보다 뒤처진다고 생각하지 않았다. 다만 내성적인 성격으로 적극적이지 않았을 뿐, 시간이 지나면 자연히 나아질 것이라고 믿었다. 그리고 나는 아이를 질책하거나 채근하지 않았고, 매일 사랑으로써 보살폈다. 나는 하루에 한 번씩 아이를 안아 주었고, 날마다 '사랑한다'는 말을 해주었다. 무엇보다도 자존감 있는 아이가 되도록 노력했다.

2학년 어느 날, 아들에게 피아노를 배워보라고 제안했고, 아들은 배워보겠다고 했다. 처음엔 피아노 학원에 열심히 다녔다. 하지만 몇 개월이 지난 후 싫증이 났는지 다니고 싶지 않다고 했다. 그때마다 나는 하고 싶지 않으면 그만두라고 말했다. 아이의 감정과 의견을 존중했다. 그런데 아이는 그만두고 싶다가도 금세 마음을 바꿨다. 며칠이 지나 같은 곡만 연습하는 아들의 모습을 보았다. 아내로부터 조만간 학원에서 연주회가 있다는 이야기를 들었다. 그런데 연습하는 곡을 듣고 있자니 지금 수준에 어렵게 느껴졌다. 동요는 아니었고 어느 성악가의 가곡이었다.

연습은 집요했다. 나는 아내에게 왜 그 곡을 선택했는지 물었고, 아내는 아들이 좋아하는 곡이라고 했다. 피아노 선생님도 8개월 차인 아이에게는 어려운 곡이라고 말했다. 하지만 아들은 그 곡을 선택했고, 연습에 매진했다. 나는 아내에게 아들이 그 곡을 왜 좋아하게 되었는지 물었다. 아내는 돌잔치 성장 동영상에 삽입되었던 곡이라고 답했다. 나는 그제야 궁금증이 풀렸다. 아들은 성장 동영상을 보는 것을 좋아했다. 그래서 심심할 때면 엄마를 졸라 아기 때 영상을 보곤 했다. 나 역시 영상에서 그 곡이 흘러나왔던 것으로 기억하고 있었다. 아들은 피아노 학원에 더 이상 가고 싶지 않았지만 그 곡만큼은 연주하고 싶었고, 다가올 연주회에 참가하고 싶었다.

나는 아들이 곡을 연습할 때면 응원해주었다. 제법 멜로디가 나와서 기특했고, 꼭 자신이 목표한 바를 성공적으로 이루기를 바람도 있었다. 아들은 자신의 수준보다 높은 곡을 열심히 연습했다. 아내와 나는 아이에게 연습을 강요한 적은 없었다. 하지만 아이는 목표를 세웠고, 목표를 위해 스스로 노력했다. 곡의 제목은 성악가 김동규의 '시월의 어느 멋진 날에'였다. 아들의 생일도 마침 10월이었다. 아들은 자신의 성장 동영상을 보면서 마치 그 곡이 '자신을 위한 곡'인 것처럼 느꼈다. 아이에게는 분명한 동기와 열정이 있었다. 이러한 내적 동기는 자기 수준보다 높은 곡에 도전하도록 용기를 주었고, 스스로 열심히 임하는 자기주도적인 태도를 만들었다. 마침내 연주회는 열렸고, 아들은 성공적으로 마쳤다. 감동적인 연주였다. 그리고 얼마 후 피아노를 때려치웠다. 아이의 실제 연주를 듣고 싶다면 '이종철의 골프 멘탈 태건이의 도전'을 검색해보라.

〈시월의 어느 멋진 날에〉 가사

눈을 뜨기 힘든 가을보다 높은 저 하늘이 기분 좋아.
휴일 아침이면 나를 깨운 전화, 오늘은 어디서 무얼 할까.
창밖에 앉은 바람 한 점에도 사랑은 가득한걸.

널 만난 세상 더는 소원 없어, 바램은 죄가 될 테니까.
가끔 두려워져 지난밤 꿈처럼 사라질까 기도해.
매일 너를 보고 너의 손을 잡고 내 곁에 있는 너를 확인해.
창밖에 앉은 바람 한 점에도 사랑은 가득한걸.

널 만난 세상 더는 소원 없어 바램은 죄가 될 테니까.
살아가는 이유 꿈을 꾸는 이유, 모두가 너라는 걸.
네가 있는 세상 살아가는 동안, 더 좋은 것은 없을 거야.
시월의 어느 멋진 날에.

6. 아이들의 크리스마스 그림

아이들이 초등학생이었을 때의 일이다. 오랜만에 친척 집에 방문했다. 어른들의 이야기꽃이 피어나는 동안 아이들은 모여서 그림을 그렸다. 크리스마스를 앞두고 있어서 주제가 크리스마스였다. 초등학교 1학년, 3학년인 두 아이는 평소 미술 수업을 1년 넘게 받아온 터라 그림을 그리는 것에 주저하지 않았다. 두 장의 그림을 가져온 아이들은 누구의 그림이 더 잘 그려졌는지 어른들에게 투표해 달라고 요청했다. 아마도 자신의 그림이 더 낫다고 우겼던 모양이다. 나는 두 그림을 받아보기도 전에 어느 한쪽의 손을 들어줘서는 안 될 것이라 생각했다. 패배한 아이는 실망할 것이 분명하기 때문이다. 나는 좋은 점만 찾아주기로 마음 먹고 그림을 보았다. 그런데 두 그림에는 기가 막힌 차이점이 있었다. 그것은 각각의 그림을 칭찬해주기에 충분했다. 나는 다행이라고 생각했다. 억지스럽게 칭찬하지 않아도 되니 말이다.

먼저 1학년인 딸의 그림을 보았다. 그림을 보자마자 나는 감탄하지 않을 수 없었다. 우선 안정적인 구도가 마음에 들었고, 크리스마스를 잘 표현한 점이 돋보였다. 아이에게 크리스마스는 산타클로스에게 선물을 받는 가장 기쁜 날이었다. 그림을 통해 아이의 마음을 잘 읽을 수 있었다. 밤을 설정한 큼지막한 달, 루돌프 사슴 썰매를 타고 날아가는 산타클로스, 기쁜 날을 표현한 불꽃놀이가 인상적이었다. 1학년 아이의 그림치고 섬세하고 안정된 그림이다.

다음으로 3학년 아들의 그림을 보았다. 그림을 보자마자 밋밋한 느낌이 들었다. 왜냐하면 종이 전체를 활용한 딸의 그림보다 여백이 좀 더 많았기 때문이다. 하지만 자세히 들여다보니 그 안에 흥미로운 이야기가 숨겨져 있었다. 산타클로스의 발과 굴뚝으로 추정되는 그림이 있었고, 바닥에는 'to santa'라고 쓰인 메

딸의 그림

아들의 그림

모가 있었다. 나는 자세한 스토리가 궁금하여 아이에게 물었다. 아이는 산타클로스 할아버지가 선물을 주시니까 할아버지를 위해 쿠키와 우유를 놓아두었다고 말했다. 그런데 산타 할아버지는 다른 집으로 빨리 가야 해서 다 드실 수가 없었고, 굴뚝으로 빠져나가는 중이라고 설명했다. 나는 감탄했다. 산타 할아버지에 대한 감사와 바쁜 산타 할아버지를 이해하는 마음을 그림으로 표현한 아이의 생각이 기특했다. 그리고 한 가지 더 물었다. "그런데 왜 산타 할아버지를 다 그리지 않고 발만 그렸어?" 아들이 대답했다. "그림 그릴 시간이 없어서 발만 그렸어요." 나는 다시 한번 놀라지 않을 수 없었다. 정말 뛰어난 재치와 센스에 감탄했다.

결국 나는 두 아이에게 분명한 근거를 가지고 칭찬할 수 있었다. 한 아이는 크리스마스라는 주제를 훌륭하게 표현했고, 또 다른 아이는 센스와 스토리가 담긴 구성으로 돋보였다. 아이들은 더 잘 그린 그림을 굳이 하나 선택해 달라고 졸랐지만, 나는 서로의 그림을 비교해주지 않았다. 단지 각 그림에 대한 장점만을 들어 칭찬했다. 문득 이러한 태도가 골프선수들을 지도하면서 어른들이 유지해야 할 자세가 아닌가 하는 생각이 들었다. 어른들이 아이들을 비교하여 우열을 가리고, 시종일관 약점과 단점을 지적하여 문제점만 들추어내면 아이는 자신을 부족하고 결핍이 많은 사람으로 인식하기 쉽다. 결국 자신에게 집중하기보다 타인의 시선을 의식하는 마음만 더 커지게 된다. 잘한 점과 장점만 부각하는 것이 아이의 건강한 멘탈을 위한 길이다. 더 잘 그린 그림을 선택해 달라는 아이의 요청에 여러분들은 어떤 말을 해줄 것인가?

7. 아이와 함께하는 골프일지

　골프선수에게 글쓰기는 아주 좋은 멘탈훈련 중 하나이다. 하루하루 무엇을 연습했고, 무엇을 느꼈는지 기록한다. 혹여 부정적인 마음이 없었는지 점검하고, 긍정적인 마음은 더욱 강화한다. 스스로 칭찬하며 격려도 한다. 글쓰기는 자신에게 집중하는 시간이며, 성장을 위한 매우 능동적인 노력이다. 글쓰기가 멘탈훈련으로써 좋은 이유는 말할 때 보다 더 많이, 그리고 더 깊게 사고할 수 있기 때문이다. 또한 글을 쓰는 과정에서는 촉각과 시각으로 느끼며, 더 많은 에너지를 쓰기 때문에 마음에 더 큰 자극이 된다. 이처럼 글쓰기는 내부적으로 좋은 자극이 되기도 하지만, 외부로부터도 긍정적 자극을 받는 수단이 되기도 한다. 글쓰기는 자신의 마음을 표현하고 드러내는 작업이므로 마치 청중을 앞에 둔 강연자처럼 다른 사람에게 보여줄 수 있다. 그리고 이에 대한 평가와 피드백을 받을 수 있다. 이러한 상호작용은 글 쓰는 이에게 매우 의미 깊고 흥미로운 경험이 된다. 그래서 대화보다 글쓰기를 통한 피드백은 훨씬 강렬한 인상으로 다가온다. 애틋한 연애편지에 더 진한 감동이 있는 이유가 바로 여기에 있다. 글쓰기보다 더 좋은 멘탈훈련은 없다. 실제로 한 글쓰기 강좌에 참여했던 사람은 "정신과 상담을 받는 것보다 글쓰기를 통해 더 큰 마음의 치유를 얻었다"라고 말하기도 했다.

　아이의 글쓰기는 생각을 엿볼 수 있는 좋은 창구가 된다. 대화로는 평소 듣기 힘든 이야기를 들을 수도 있다. 여기에 적절한 피드백과 꾸준한 소통이 더해진다면 아이들은 자신이 존중받고 관심과 사랑을 받고 있음을 더욱 깊이 느끼게 된다. 그러면 아이의 자존감은 무럭무럭 자란다. 부모가 아이의 골프 멘탈을 위해 진정으로 노력하고 싶다면 아이와 함께 글쓰기 주고받기를 해보라. 다른 사람이 알지 못하는 비밀장소를 마련하고 아이가 일지를 쓴 뒤 그곳에 두면, 부모가 이를 가져가 답글을 작성한다. 그리고 다시 그 장소에 답글을 두어 아이가 가져가도록 한다. 이처럼 편지를 주고받듯이 꾸준히 실천한다면, 제2의 대화 창구가 되어 진솔한 소통을 이어갈 수 있다. 머지않아 아이의 행복한 미소를 보게 될 것이다. 다음은 아이와 부모가 주고받은 실제 사례이다.

〈아이의 편지〉

편지에 할 말이 많을 정도로 엄마한테 고맙고, 미안하고, 존경스러운 것이 너무 많아. 그리고 내가 언니들하고 있을 때, 엄마한테 평소보다 엄청나게 대들잖아. 다른 애들처럼 엄마한테 사랑하는 표현을 창피해서 많이 못했어. 정말 미안해. 나는 마음속에서 엄마를 진짜 사랑하고 존경해. 엄마가 나한테 돈도 많이 보태주고, 매일 내가 잊은 거를 어떻게든 챙겨주려고, 다른 엄마들보다 빠르게 슈퍼맨처럼 달려오는 게 때로는 너무 엄마가 힘들어 보여서 슬퍼. 언제였던가. 엄마가 정말 자랑스러웠어. 엄마는 내가 못 칠 때마다 스트레스 받아서 울 것 같은 마음, 내가 골프 해봐서 알아. 계속 혼자 있다가 갑자기 눈물이 나고, 엄마는 내가 골프를 해서 좋은 엄마들을 만나기도 하지만 엄마가 싫어하는 사람도 만나야 하는 거 알아. 안 그래도 힘든데 돈 많이 드는 골프를 하고, 비거리는 괴물이면서 성적은 안 나고, 거기에 툭하면 동생들 때려서 울리고, 또 뭐라 하면 화내고.

나는 자주 생각나는 말이 있어. 난 진짜 훌륭한 사람이 될 것 같고,

커서 골프 황제가 될 것 같다는 생각을 많이 해. 가끔 전지훈련 가는 게 기쁘기도 하고 슬프기도 해. 전지훈련 가면 엄마가 엄청 보고 싶을 거야. 엄마랑 3년 동안 많은 추억을 쌓은 것 같아. 골프 황제가 돼서 동생들 옷 사주고, 차 사주고, 집 사주고, 물론 엄마도 다 해줄 거야. 그때는 나도 유명한 골프선수가 되어 있겠지? 그때 나도 엄마가 내 슈퍼맨이었던 것처럼 나도 엄마의 슈퍼맨이 되고 싶어. 물론 되도록 빨리 골프를 잘해서 할머니, 할아버지도 고생 안 시키고, 엄청 편하게 해드리고 싶어. 내년부터는 엄마 고생 덜하게 해줄게. 우승도 많이 하고, 도 대표, 상비군 되고. 슈퍼맨처럼 달려가는 엄마의 모습 진짜 존경스러웠어. 엄마! 늘 사랑하고 고맙고 미안하고 존경하는 우리 엄마 최고!

〈엄마의 답장〉

사랑하는 내 딸, 내 친구 승희(가명)야. 우리 딸 편지 받고 엄마는 하루 종일 운 것 같아. 감동해서 울었고, 어느덧 훌쩍 커버린 너를 잘 못 챙겨준 것 같아서 울었어. 그런데도 이렇게 엄마를 생각해주는 너의 예쁜 마음에 또 눈물이 났어. 사랑해 승희야. 백번 천번을 말해도 부족한 이 '사랑한다'는 말이 왜 이렇게 잘 안 나오는지, 동생들이 홀로 외로울까 봐서 늘 네 앞에서 동생들을 챙기는 바람에 승희도 많이 외로웠을 거야. 엄마도 엄마가 된 게 처음이라서 많이 서툴러. 승희에게 더 잘해줘야지 하면서도 하루가 시작되고 너희들 하나씩 챙기다 보면 늘 하루의 끝에서 피곤해.

지친 승희에게 가장 많은 잔소리를 늘어놓는 것 같아. 잘하고 있는 너에게. 더 잘해야 된다고. 미안해 승희야. 용서해줘. 네가 말했듯이 너와 난 추억이 많아. 3년 동안의 대회들, 그리고 함께한 여행들, 우린 내년도 그렇게 하자 승희야. 내년엔 도 대표, 상비군, 네 말대로 최선을 다해. 열심히 하는 건 좋지만, 꼭 그런 타이틀 없어도 될 것 같아. 도 대표, 상비군, 이런 거 없어도 너는 엄마 세상에서 제일 멋진 골퍼거든. 어깨가 무거우면 쉽게 주저앉을 수 있을 것 같아.

늘 엄마는 네 세상이 행복했으면 좋겠어. 그 세상 속에서 너, 나 그리고 우리 가족들 모두가 서로의 기적이 되기를 바란단다. 4번째 전지훈련도 우리 승희는 잘하고 올 거야. 승희가 좋아하는 언니, 프로님들 그리고 처음 가보는 나라에서 좋은 추억 많이 쌓고 많이 배우기를 기도할게. 첫째도 건강, 둘째도 건강, 건강이 제일 중요한 거 알지? 승희 너로 인해서 엄마는 많은 걸 배워. 한 번도 가보지 못하고 들어본 적도 없는 것을, 하지만 이 배움이 너무 소중하단다. 엄마의 첫 번째 기적, 그리고 나의 소중한 딸, 우리 승희야. 앞으로 힘든 일이 생기고 때로는 골프를 놓고 싶을 때도 하나만 기억해줘. 골프를 통해서 너와 내가 참 많은 추억을 쌓고 순간순간 많이 웃고 행복했다는 것을. 사랑해 승희야. 내 딸, 내 아가 우리 승희야.

다음은 구력 15년 프로선수의 글이다. 시즌 시작에 앞서 시합을 위해 엄마한테 하고 싶은 말을 모두 적어보았다. 부모에게 충분히 참고할 만한 내용으로 보이며 상당히 타당한 내용이다.

〈엄마가 해주면 성적에 도움이 되는 것들〉

1. 믿고 내버려 두기.
2. 성적이 좋든 안 좋든 엄마도 같은 컨디션 유지하기.
3. 내 주변 친구, 동료, 선생님한테도 좋은 마음으로 생각하고 챙겨주기.
4. 항상 어떤 상황이든 긍정적으로 먼저 생각해주기.
5. 부탁한 것만 들어주기.
6. 대회 땐 내가 좀 더 예민하니 자극적인 말 등 자제하기.
7. 내가 생각하는 쪽으로 지지하기.
8. 조금 더 어른 인격체로 대하기.
9. 잘한 걸 더 많이 얘기해주기.
10. 걱정, 염려하지 않기.

〈대회 전 엄마가 하지 말아야 할 것들〉

1. '시합 전이라고 컨디션 관리해라', '이거 하지 마라', '시합 전이니 뭐
   좀 신경 써라' 같은 말 하지 않기.
2. '이번 대회는 이래서 중요하다', '무엇이 걸려 있다' 등 대회에 임하는
   의미가 달라지게끔, 더 신경 쓰게끔 말하지 않기.
3. '무엇을 잘못하고 있다.' 등등, 지적하지 말고 내가 걱정하게끔 만들지
   않기. 예) '퍼팅이 너무 때린다.' 등(골프 문제).
4. 시합 성적에 따라서 기분 달라지지 않기. 그 기분을 나한테 티 내지

않기.

5. 내가 잘 치고 있어도 기분 막 업 되지 않기(잘 쳤으나 못 쳤으나 똑같아야 함).

6. 내가 못 쳤어도 캐디나 선생님들이나 친구들에게 그 감정 내비치지 않기.

7. 내가 부탁한 것 외에는 먼저 나서서 해주지 않기.

8. 필드 위의 딸바보

아내와 함께 차를 몰고 목적지로 향하는 중이다. 조수석에 앉아 있는 아내의 잔소리가 끊이질 않는다. '앞에 차 봐라', '옆에 차 온다', '사람 조심해라', '오토바이 조심해라', '핸드폰 좀 나중에 봐라', '이쪽 길 아니야?', '저쪽 길 아니야?' 사실 운전대를 잡은 나는 모든 상황을 인지하고 있었다. 운전경력만 25년, 방어운전이 몸에 배어있다. 그런데도 아내의 갑작스러운 조언에 깜짝깜짝 놀란다. 그리고 혹시나 내가 놓치고 있었던 사고의 위험이 있었나 하는 생각에 브레이크를 밟고는 한다. 때로는 잘못된 길로 들어선다. 이럴 때면 정말 짜증이 안 날 수 없다. 나는 '가만히 있으면 알아서 잘할 텐데'라고 생각한다. 아내에게 가만히 있으라고 핀잔을 주면 아내는 구박한다고 삐친다. 그러면 나는 정말 '다음부터 당신이 운전해'라는 말을 하고 싶다. 아내와 함께하는 운전은 부부싸움 하기 딱 좋은 시간이다. 사실 아내는 나의 운전이 미덥지 않은 것이 아니라 자신의 불안감에 대한 반응이었다.

아내가 삐쳐 있는 동안 나는 골프선수들이 떠올랐다. 부모와 선수는 골프라는 여정을 함께 달리는 중이다. 옆에서 지켜보는 부모의 잔소리가 끊이지 않는다. '열심히 해라', '독하게 해라', '집중 좀 해라', '퍼터 연습 좀 해라', 'OB 조심해라', '핸드폰 좀 그만 봐라', '이렇게 해라', '저렇게 해라.' 사실 선수들도 나름대로 최선을 다해 노력하는 중이다. 하지만 선수들은 부모의 조언에 불필요한 불안감을 느끼며 혼란스러워한다. 그리고 혹여 자신이 잘못하고 있지는 않은지 의심하게 된다. 때로는 부모의 잘못된 조언에 자신감이 떨어지기도 하고, 집중력도 떨어진다. 그리고 시합에서 실패한 선수들은 좌절하며 스트레스를 받는다. 선수들은 이제 자기한테 아무 말도 하지 않기를 바란다. 어떤 선수들은 '정신적으로 쉴 틈이 없다. 나 좀 그냥 내버려 두었으면 좋겠다', '그냥 가만히 놔두면 알아서 잘할 텐데'라고 생각한다. 행여 선수가 부모와 맞서기라도 하면 부모는 한층 더 큰 목소리를 낸다. 그러면 선수들은 '이럴 거면 나한테 골프를 왜 시켰어!'라는 말을 하고 싶다. 부모와 함께한 골프 여정은 집안싸움 나기 딱 좋은 시간이다. 사실 부모 역시 아이가 미덥지 않아서라기보다 혹시나 아이의 골프가 잘 안 되면 어떡하나 자신의 불안에 대응했던 것이다. 자신의 불안을 아이에게 전가하는 꼴이다.

쉴 새 없는 잔소리로 부모 자신의 불안을 해소하려는 것도 문제지만, 불안감 때문에 아이가 마땅히 해야 할 일까지 부모가 모두 챙기려 드는 것 또한 문제다. 마치 귀한 삼대독자 모시듯 위험한 곳에 가지 못하게 하고, 힘든 일도 못하게 하며, 어려운 일은 모두 부모가 앞장서서 해결한다. 가능한 한 실패를 겪지 않도록 하고, 자식을 위한다는 명분 아래 부모의 모든 희생을 당연하게 여긴다. 과연 이렇게 표현된 자식 사랑이 바람직한가? 과연 이러한 교육방식이 아이를 위한 진정한 노력이라 할 수 있는가?

몇 년 전 말레이시아에 거주할 때 있었던 일이다. 나는 제자와 함께 시합 중이었다. 그런데 매홀 인상적인 장면을 목격했다. 동반 선수의 캐디가 재빠른 동작으로 그린 위로 올라갔다. 그리고는 이쪽저쪽 왔다갔다를 반복하면서 경사를 확인했다. 캐디는 그냥 보는 것으로도 충분하지 않은 듯, 마치 PGA투어의 카밀리오 빌레가스처럼 바짝 엎드린 채 경사를 확인했다. 그리고 홀 양쪽에서의 확인도 모자라 중간 지점으로 이동해서 홀을 향해 스트로크하는 시늉을 했다. 캐디는 확신이 선 듯 선수에게 다가갔고, 손으로 공의 진로를 상세하게 그리면서 선수에게 설명했다. 선수가 10m 정도 거리에서 퍼팅을 시도했지만, 2m 정도 지나가 버렸다. 캐디는 선수보다 더 아쉬워했다. 이내 캐디는 다시 빠릿빠릿하게 움직이며 다시 이쪽저쪽에서 경사를 살폈다. 선수는 남은 퍼팅을 시도했고 홀인에 성공했다. 캐디는 어린 선수의 등을 토닥토닥 두들겨주면서 그린을 빠져나왔다.

캐디의 모든 행동은 진지했고, 정성이 깃들었다. 매홀 볼을 칠 때마다 클럽을 닦아주고, 홀 설명도 친절하게, 상세하게 설명했다. 캐디의 보조는 예사롭지 않았다. 후반 몇 개 홀을 지나 파 4홀에 들어선 우리 조는 앞 조의 플레이를 기다렸다. 캐디 역시 진행 상황을 확인한 후 쪼그려 앉았다. 그러자 선수가 캐디의 무릎에 앉는 것이 아닌가. 그리고 선수는 물을 마시며 휴식을 취했다. 쪼그려 앉은 캐디의 모습은 누가 봐도 불편해 보였다. 하지만 캐디는 개의치 않았다.

실제 부녀의 모습

다음 홀에서도 우리 조는 앞 조를 기다려야 했고, 캐디는 또다시 쪼그려 앉았다. 감동적이었다. 말레이시아 주니어 시합에서는 개인 캐디를 써도 되며, 부모, 코치도 캐디로 나설 수 있다. 캐디는 바로 선수의 아빠였다. 나 역시 어린 딸이 있었기에 경기 내내 애틋한 아빠의 마음 읽을 수 있었다. 필드 위에 딸바보가 따로 없었다. 하지만 나는 부녀의 모습을 보면서 마음 한편에 아쉬움이 남았다. 꼬박꼬박 먹이를 잡아다 손에 쥐여줄 게 아니고 잡는 법을 가르쳐줘야 할 텐데, 그래야 살아남을 텐데, 그래야 성장할 텐데 하는 아쉬움.

9. 축구대표팀 정정용 감독의 리더십

2019년, 대한민국 축구대표팀이 20세 이하(U-20) 월드컵에서 준우승을 차지했다. 이때 한국 축구계가 떠들썩했다. FIFA 주관대회로는 처음으로 대한민국이 결승에 진출한 것인데, 이는 지난 2002년 월드컵 4강에 이은 쾌거였다. 물론 선수들이 잘해준 결과였지만 나는 정정용 감독의 리더십에 특히 주목했다. 그것은 골프선수들을 위해 해줘야 할 것과 똑같았기 때문이다. 정 감독의 교육철학을 조목조목 분석해보자.

첫째, 선수를 비난하지 않았다. 정 감독은 "패배의 책임은 지도자의 몫이다. 선수들은 아직 성장 과정에 있는 청소년이다. 비난과 비판은 감독인 저에게 해달라"라고 말했다. 정 감독은 선수들의 결점을 들추지 않았고, 모든 잘못을 자신에게 돌렸다. 감독의 노력은 선수들의 자신감을 꺾지 않았고, 선수들이 마음에서 우러난 노력을 하도록 만들었다. 골프선수에게도 어른들이 질책만 쏟아낸다면, 선수들은 항상 자신의 문제점만 찾아 자책하게 된다. 그러면 자신감을 얻지 못하고 흥미와 동기마저 사라지게 된다.

둘째, 정 감독은 선수들을 깊이 신뢰했다. 정 감독은 역전승을 거둔 8강 세네갈전 후 이렇게 말했다. "우리 선수들의 팀워크와 집중력이 좋습니다. '절대로 지지 않는다'는 생각이기 때문에 감독인 제가 게임 중에 방법을 바꾸지 않습니다. 선수들이 운동장에서 스스로 이겨내야 합니다." 이처럼 정 감독의 굳건한 신뢰는 선수들이 더욱 마음껏 뛰어놀도록 독려했다. 골프선수들에게도 마찬가지다. 어른들이 교육이라는 명목으로 사사건건 간섭한다면, 선수들은 스스로 해낼 힘을 키우지 못한다. 골프선수가 스스로 느끼고 판단하며, 시행착오를 통해 성장할 수 있도록, 기다리고 신뢰하는 교육이 필요하다.

셋째, 정 감독은 '지시가 아닌 이해'를 바탕으로 한 교육철학을 가지고 있다. '자율 속의 규율'을 강조하면서 대표팀 소집 기간에도 휴대전화 사용을 허용하고, 선수들의 자유시간을 존중했다. 그리고 숙소 밖의 가벼운 외출은 오히려 권장했다. 감독의 이러한 존중 덕분에 선수들은 자신을 존중하는 마음을 잃지 않을 수 있었다. 골프선수에게도 마찬가지다. 어른들이 선수들의 행동을 일방적으로 통제하기보다는 스스로 자기 행동을 조절하도록 도와야 한다. 경기를 주도적으로 이끌어 갈 수 있는 마음의 힘은 바로 여기서 시작된다.

넷째, 정 감독은 선수들에게 게임의 본질에 충실하도록 했다. 축구 또한 게임의 본질은 '늘 잘해야만 하는 부담감'에 있지 않고 '재미있게 즐기는 놀이'에 있다. 그래서 정 감독은 경기에 나갈 때면 "멋지게 한 번 놀고 나오라!"라고 주문한다. 이러한 지도 철학은 선수들이 부담감과 불안감을 가지지 않고 두려움 없이 운동장을 질주하도록 만들었다. 골프선수에게도 잘해야 한다는 부담감은 게임의 독이다. 골프 역시 본질은 놀이이다. 게임에서 이기나 지나 즐거운 마음을 잃지 않아야 한다. 어른들의 말 한마디는 선수들의 마음을 좌지우지할 수 있다. 어른들은 선수들이 놀이에 충실하도록 도와야 한다.

다섯째, 정 감독은 결과보다 과정을 더 중요하게 여겼다. 선수들에게 "결과를 얻으려면 과정이 좋아야 하니, 결과는 하늘에 맡기고 과정에 최선을 다하자"라고 말했다. 이런 지도자의 리드는 선수로 하여금 결과에 대한 압박에서 벗어나 자신이 무엇에 집중할지를 정확히 알도록 한다. 골프선수들도 과정에 집중하는 골프를 해야 한다. 결과에 집착된 마음은 조바심과 불안감을 키워 더 많은 실수를 부른다. 어른들은 하나부터 열까지 선수들이 과정에 집중하도록 도와야 한다. 이렇게 할 때 결과는 자동으로 따라온다. 결과는 목표가 아니라 과정에 집중한 보너스이다.

여섯째, 지도자의 권위를 내세우지 않았다. 대표팀 코치 중의 한 명이 이렇게 말했다. "감독이라서 의전을 받아야 하는 문화는 바람직하지 않다. 식사 시간에 감독이 안 왔다고 해서 모두가 기다리는 것은 서로에게 부담이다. 다른 사람이 볼 때 안 좋게 볼 수도 있지만 우리 팀은 그런 권위를 내세우지 않았다." 정 감독의 이런 리더십은 선수들의 사고를 유연하게 만들어 게임에서의 창의적 플레이를 가능하게 했다. 골프선수도 마찬가지이다. 권위만을 이용하여 선수를 통제한다면 선수들은 시종일관 어른의 눈치만 본다. 그것은 곧 게임에 치명적인 정신적 장애가 된다.

부모와 지도자는 정 감독이 보여준 리더십을 모두 갖출 수는 없다. 그리고 정 감독이 사상 초유의 결과를 냈기 때문에 그의 교육철학이 좋게 평가됐을지도 모른다. 하지만 정 감독의 사례는 선수에 대한 어른들의 태도를 점검해볼 기회로 충분하다.

10. 흥망을 결정짓는 두 갈래 길

프로 시합을 뛰는 선수들의 연습장 샷 능력은 비슷해 보인다. 그러나 결과는 크게 갈린다. 어떤 선수는 늘 우승을 다투고, 어떤 선수는 예선 통과에 만족하고, 또 어떤 선수는 컷 탈락을 반복한다. 보통의 사람들은 단순히 기술력의 차이라고 생각하기 쉽다. 하지만 기술보다 훨씬 중요한 부분이 있다. 그것은 바로 멘탈이다. 골프선수 멘탈의 구조를 크게 둘로 구분하자면 하나는 분석-불안-집착으로 이어지는 악순환 시스템이고, 다른 하나는 본능-집중-자신감으로 이어지는 선순환 시스템이다. 전자는 실패로 이어지고, 후자는 승리로 향한다.

먼저 악순환의 구조는 스윙을 특별한 기술로 인식하는 것에서 출발한다. 스윙을 특별하게 인식하는 이유는 생소한 동작을 배우는 데다 배우는 비용도 비싸기 때문이다. 이에 따라 골퍼들은 팔의 각도나 손목의 모양, 하체 동작과 같은 폼과 자세를 만드는 일에 몰두하게 된다. 하지만 스윙은 기술의 조합이 아니라 단순히 공을 원하는 곳으로 보내는 행위일 뿐이다. 폼은 결과이지 목표가 아니다. 공을 쳐내는 본능에 집중하면 폼은 자연스럽게 따라온다. 이 단순한 사실을 놓치면 끝없는 동작 분석으로 빠진다. 실수할 때마다 원인을 찾고, 스윙 교정을 반복하다 보면 의식적이고 인위적인 동작으로 인해 미스샷에 대한 불안감만 커진다. 그리고 그 불안을 해소하기 위해 더 많은 연습을 한다. 바로 악순환의 구조이다. 특히 스윙을 자주 찍어보는 선수들이 있다. 스윙을 찍어보는 행위가 도움이 되는 부분도 있지만 너무 과하면 오히려 역효과를 낸다. 가령, 하루도 빠짐없이 찍어본다든지, 영상 분석이 훈련의 주된 도구가 된다면, 이는 분석-불안-집착으로 이어지는 지름길이 되고 만다.

반대로 선순환의 구조는 본능적이고 단순한 동작에서 출발한다. 우리가 걷기

나 던지기 동작을 할 때 어떤 생각을 하는가? 아무런 생각 없이도 능숙하게 잘한다. 본능적 동작은 계산이나 분석적인 사고 없이, 직관적이며 무의식적인 행위이다. 이는 누구나 쉽게 할 수 있는 일이라는 의미이다. 스윙도 마찬가지여야 한다. 타깃을 보고 몸으로 느끼면서 공을 치는 행위, 이것이 골퍼가 필드에서 할 일이다. 여기서 지금 '할 일'에 정신적 초점이 맞춰진 상태를 집중이라 말한다면, 본능적 동작이 곧 집중이다. 즉 본능을 따라가면 집중은 자연스러운 현상이 되는 것이다. 이때 '잘할 수 있다', '실수하면 안 된다'라는 마음가짐은 거추장스럽다. 걷기 동작이나 젓가락질할 때 그런 생각이 얼마나 불필요한 일인가? 그냥 하면 된다. 이렇게 본능과 집중으로 성공 경험이 쌓이면 자신감이 일어난다. 이 것이 본능-집중-자신감으로 이어지는 선순환 시스템이다.

세계적인 선수들은 공통적으로 단순함을 강조한다. PGA투어 8승을 기록한 최경주는 "단순함에서 힘이 나온다"고 했고, 골든 그랜드 슬램을 달성한 박인비는 "샷할 때 복잡하게 생각하지 않는다"라고 말했다. PGA 투어에서 82승으로 타이거 우즈와 공동 최다승 기록 보유자인 샘 스니드는 "너무 많은 생각을 할 필요가 없다. 그냥 치면 된다"라는 말을 남긴 것으로 유명하다. 단순함은 곧 훌륭한 선수의 조건이다. 골프는 특별한 비법이나 복잡한 이론으로 완성되지 않는다. 본능과 감각을 신뢰하고, 공을 원하는 곳으로 보내는 단순한 행위에 몰두할 때 골프는 흥미로워진다. 그리고 자신감과 함께 성장한다.

분석-불안-집착으로 이어지는 악순환 구조는 결국 선수를 수렁에 빠지게 만든다. 반대로 본능-집중-자신감으로 이어지는 선순환 구조는 희망과 성취를 만든다. 골프는 기술의 나열이 아니라 감각의 흐름이다. 샷은 폼이 아니라 공을 타깃으로 보내는 행위이다. 스윙을 완벽하게 만드는 일과 공을 원하는 곳으로 보내는 일은 완전히 다른 일이다. 분석과 교정에 빠지면 악순환의 길로 들어서고, 본능과 감각에 집중하면 선순환의 길로 들어선다. 우승을 원한다면 최대한 단순하게 가보라.

11. 우리 아이 행복한가요?

인터넷을 한참 뒤지다가 아들 또래 아이들이 노는 모습을 보았다. 아이들을 보고 있으면 내 자식이 아니어도 소중하고 예쁘다는 생각이 든다. 남의 자식에도 이런 감정인데 내 자식은 오죽하겠나. 갓 나온 핏덩이의 모습이 엊그제 같은데 벌써 고등학생이다. 언제 걸음마를 떼려나, 언제 유치원에 가고 학교에 가려나. 앞날을 손꼽아 기다리며 애지중지 키워온 아가들이 이제 친구들과 선생님을 만나고, 세상을 만난다. 참으로 기특한 일이다. 혹시라도 등하굣길에 나쁜 사람을 만나지 않을까, 친구들하고 싸우지 않을까, 길 가다가 다치지는 않을까. 노심초사 걱정이 앞선다. 아이들이 눈앞에 있어야 그제야 안심이 된다. 소중한 아이들을 어떻게 키워야 할까? 공부 잘하라고 학원을 뺑뺑이 돌리는 것이 엄마의 도리일까? 경험을 이유로 어른보다 더 바쁜 스케줄을 만들어 주는 것이 부모의 노릇일까? 연습장에 오래 머물도록 하는 것이 아이의 성공을 위한 일일까?

어른들도 하고 싶은 일이 있고, 하고 싶지 않은 일이 있다. 하고 싶지 않은 일은 따분하고 힘겹다. 생계라는 이유로 회사 일에 매달린 사람들은 하루하루가 스트레스이다. 보통 사람들은 프로 골퍼가 천상의 좋은 직업으로 보인다. 전국을 돌아다니면서 돈도 벌고 골프만 치니 말이다. 그러나 하고 싶지 않은 시합이 얼마나 고통스러운지, 성적이 좋지 않을 때 받는 스트레스가 얼마나 큰지 그들은 모른다. 아무리 좋아하는 골프라도 쉼 없이 한다면 그것 역시 힘든 일이다. 사랑하는 연인, 천생연분 부부라 할지라도 떨어져 있고 싶을 때도 있다. 아무리 맛있는 음식이라도 365일 먹을 수는 없다. 잠시 떨어져야 다시 생각나는 법이다.

잠시 멈춰 소중한 우리 아이들의 마음을 들여다보자. 혹시라도 아프거나 지쳐있다면 응급조치해야 한다. 표정이 늘 어두운 아이는 마음의 치료가 필요하다고 구조신호를 보내는 중이다. 뭘 해도 무기력한 아이는 불안의 늪에서 살려달라고 소리치는 중이다. 자꾸 거짓말을 하는 아이는 두려움의 상자에서 꺼내달라고 외치는 중이다. 자꾸 짜증을 내고 공격성을 보이는 아이는 스트레스에서 벗어나게 해달라고 손짓하는 중이다. 아이들은 해맑은 웃음과 초롱초롱한 눈망울을 잃지 않아야 한다. 세상의 그림자 한 점 드리우지 않은 천진난만한 표정을 유지해야 한다. 하지만 아이들이 무엇인가 신호를 보내고 있음에도 부모는 눈치채지 못한다. 그저 성격이러니 판단하고 별일 아니듯 넘긴다.

나는 우리 아들딸이 행복하게 살았으면 좋겠다. 좋은 학교에 가지 못해도, 좋은 직업이 아니더라도, 작은 것에 행복하면서 아프지만 않게 살았으면 좋겠다. 부모로서 바라는 것이 있다면 오직 스스로 행복을 찾아갈 줄 아는 사람이 되는 것이다. 그러면 뭐든지 해낼 수 있다고 믿는다. 이런 나의 소망과 달리 골프선수를 자녀로 둔 부모 중에는 오로지 골프만 잘하면 선수가 행복할 것으로 생각한다. 행복이 먼저인지 골프 성적이 먼저인지, 과연 무엇이 먼저일까?

성공한 사례에는 강압적인 부모가 있었고, 그렇지 않은 부모도 있었다. 어떤 선수는 경제적 어려움이 없어도 실패하고, 어떤 선수는 형편이 마땅치 않아도 성공한다. 반대의 경우도 있다. 이런저런 각각의 조건에서 성공과 실패가 모두 있으니 과연 어떤 조건이 내 자녀에게 맞는지 알 길이 없다. 하지만 분명한 사실은 주어진 조건이 어떻든 성공적인 선수 생활을 하려면 건강한 마음이어야 한다. 우울한 마음에서 훈련에 대한 의욕이 있을 리 없고, 자신감 없는 마음에서 게임이 잘 될 리 없다. 또한 불안과 걱정하는 마음에서 시합을 즐길 수 없으며, 복잡한 마음에서 집중력이 좋을 리 없다. 골프가 멘탈게임이라는 것에 동의한다면 선수의 이런 마음을 그냥 지나쳐서는 안 된다. 이런 마음을 단박에 확인할 수 있는 질문을 꼽자면 다음과 같다.

'골프가 재미있니?'

'사는 게 행복하니?'

골프에 대한 재미와 행복은 여러 가지로 의미가 있다. 재미는 선수로 하여금 훈련에 자발적이고 적극적인 태도를 갖도록 한다. 행복감은 자신에게 긍정적인 마인드를 갖도록 한다. 또한 미래에 대한 걱정 없는 마음은 불안을 유발하지 않으며, 집중력을 높인다. 이런 마음에서 경험이 쌓일수록 자신감이 높아진다. 골프선수로서 성장이 기대되는 상황이다. 반면 선수가 '재미없다'라고 대답한다면 잘못된 길을 가고 있을 가능성이 크다. 골프는 본디 공을 가지고 하는 '놀이'이다. 재미와 흥미가 바탕이 되지 않는 골프는 어색하다. 노동일뿐이다. 훈련에 능률은 없고 선수로서 더 이상의 성장은 기대할 수 없다.

만약 선수가 '행복하지 않다'라고 대답한다면 문제는 더욱 심각해진다. 행복하지 않은 마음에서 골프가 잘 될 리도 만무하지만, 골프를 그만두더라도 삶에 대한 행복감은 좀처럼 회복되지 않는다. 그것은 골프를 떠난 마음의 문제이자 골프와 상관없는 생각의 문제이다. 아마도 골프 외에 다른 일을 하더라도 행복하지 않을 가능성이 크다. 선수가 골프에 대한 재미도 없고, 삶에 행복감도 없다면 하루하루 힘든 날을 보내고 있을 것이 분명하다. 당장이라도 골프를 그만두고 싶은 생각이고, 매일 울고 싶은 마음일 것이다. 여기에 '더 열심히'를 강요받는다면 선수는 숨 쉴 여유조차 느끼지 못하게 된다. 아마도 '그만두겠다'는 말이 곧 나올 것이다. 훈련과 시합을 마친 내 자녀에게 오늘 당장 두 가지 질문을 던져보자. 만약 부정적인 대답이 나온다면 도움의 손길이 필요한 상황이다. 만약 선수의 대답에 여전히 선수를 탓하고 싶다면, 골프선수의 길, 잘못 가도 한참 잘못 가는 중이다.

마음의 휴식

오늘 밴드 포스팅은 쉽니다.
일요일이잖아요.

혹시 일요일까지도
아이를 운동 보내신 것은 아니지요?

하나님도 6일 동안 천지를 창조하시고
7일째는 안식하셨잖아요.

일요일은 회사도 쉬고, 학교도 쉬고
엄마들도 한 끼 식사 준비라도 쉬고 싶지 않았던가요?

아마도 무언가를 하루도 쉼 없이 한다면
마음은 점점 지쳐갈 것입니다.

자영업자들이 쉬는 날이 어디 있냐고요?
골프 하는 것이 장사하는 것은 아니잖아요?

일주일 열심히 운동했으면
하루는 푹 쉬게 해주세요.

영화도 보고, 친구들도 만나고
잠이라도 실컷 자라고 가만히 놔두세요.

친구 만나러 나간다고 하면
'집에서 쉬지 왜 나가냐'고 나무라지 마세요.

자기가 하고 싶은 일을 하고 있을 때
마음은 휴식하는 것이랍니다.

제4장

부모님 서약서

골프선수의 멘탈코칭은 코치, 선수, 부모와의 합동 작업이다.
부모의 협조 없이는 코칭에 성공할 수 없다.
각자의 영역에서 한 방향을 향해 나아가야 한다.
성공적인 선수 생활을 위해서 부모는 현명해야 한다.

1. 폭력과 욕설 안 하기

언젠가 학생골프 대회장에서 목격한 일이다. 18홀을 막 마치고 온 듯한 선수한 명이 주차장 한쪽에서 바짝 긴장한 듯한 모습으로 서 있었다. 그리고 누군가가 심한 욕설과 함께 손찌검을 시작했다. 선수의 아버지로 보였다. 경기 결과가마음에 안 들었던 모양이다. 나는 말로만 듣던 시합장의 부모폭력을 그때 처음보았다. 정말 믿을 수 없는 광경이었다. 함께 연습장에 근무했던 지도자의 폭력장면도 보았다. KPGA 정회원인 그는 중학생 선수를 지도하고 있었다. 어느 날타석에서 레슨을 하다 말고 클럽 하나를 거꾸로 잡더니만 아이의 종아리를 마구패는 것이 아닌가. 가만히 지켜보자니 어떤 동작이 맘에 들지 않았고, 가르쳐 준동작에 집중을 안 한다는 것이 체벌의 이유였다. 더 믿기 힘든 광경은 그걸 목격한 아버지가 슬쩍 자리를 피하는 모습이었다. 나는 문득 군대에 있었던 시절이 떠올랐다. 중간급 병사들이 하급 병사들의 군기를 잡기 위해 얼차려를 주거나 폭력을 가하면 상급 병사들은 이를 묵인하곤 했다. 오히려 상급자들은 은근히 반겼다. 왜냐하면 자기 손을 더럽히지 않고 부하 병사들의 군기를 잡을 수있기 때문이다. 얼차려 후에는 부하 병사들의 행동이 매우 빠릿빠릿해진다.

어떤 지도자들은 아이들을 패야 성적이 나온다며 자신의 폭력적인 행동을 정당화하기도 한다. 열심히 하지 않는 자녀가 불만이었던 부모 역시 지도자의 폭력을 묵인한다. 아이의 마음이 어떻게 되든 상관없이 오로지 성적 지상주의뿐이다. 폭력은 사람을 순간적으로 긴장시켜 집중력을 높이는 일시적인 효과가 있다. 그리고 명령하는 사람과 명령을 이행하는 사람과의 수직적인 관계를 설정하며명령을 이행하는 사람의 태도를 보다 더 수동적으로 만든다. 이처럼 수동적인태도가 나오는 이유는 또다시 이어지는 폭력에 대한 두려움 때문이다. 폭력이 사람의 마음에 좋지 않은 영향을 미친다는 점은 심리학을 공부하지 않아도 누구나 알 수 있는 자명한 사실이다. 그럼에도 불구하고 폭력을 행사하는 이유는 피교육자의 행동이 자신이 원하는 대로 빠르게 바뀌는 것처럼 보이기 때문이다. 어쩌면 교육을 위한 가장 손쉬운 방법이라 생각할 수도 있다.

하지만 이들이 놓치고 있는 점은 폭력이 자기만족을 위해 쓰이고 있다는 것이다. 태도에 대한 불만, 결과에 대한 불만, 이로 인한 짜증과 분노, 폭력 가해자는 감정 소모의 대상이 필요했고, 어쩌면 생활 스트레스를 풀 대상이 필요했을지도 모른다. 폭력을 행사하는 사람들의 성격적 특성 중에는 이기적이고 자기중심적인 성향이 강해 공감 능력이 부족한 경우가 많다. 특히 자신의 성장 과정에서 부모와의 관계가 좋지 않아 정서적 결핍을 경험한 사람이라면 이러한 폭력 성향은 더 짙게 나타난다. 폭력 가해자는 한결같이 모두 자녀의 미래를 위한 것이라고 말하면서 자기 행동을 합리화한다. 이런 사람들이 폭력이 자녀에게 미치는 심리적 악영향을 공부한다면 아마도 자신의 행동을 평생 후회할 것이다.

폭력을 당한 사람은 자존감의 심각한 상처를 입는다. 타인에게 받은 멸시와 무시는 곧 자신을 바라보는 방식이 되어 자신도 스스로를 멸시하고 무시하는 마음을 갖게 된다. 이처럼 자신을 하찮게 여기는 마음이 되면 삶의 의욕을 잃거나, 대인기피증, 좌절, 불안, 죄책감 등의 부정적 심리가 발생하며, 폭력이 반복되면 학습된 무기력, 트라우마, 우울감 등의 극심한 정신질환으로 발전한다. 정상적인 생활이 어려워진다. 이런 심리상태는 곧바로 골프 멘탈로 이어진다. 골프에 대한 흥미가 있을 리 없고, 자발적인 훈련 태도가 나올 리 없다. 게임에 들어서면 실수를 걱정하는 마음에서 소극적인 샷이 나오기 쉽고, 실수가 나오기라도 하면 실망과 분노의 감정에서 방황한다. 그리고 또다시 맞이할 폭력 때문에 극심한 스트레스를 받는다. 폭력에 무감각한 어른들이 잘못 생각하는 점이 있다. 폭력과 같은 따끔한 훈계가 시합에 들어간 선수로 하여금 정신을 바짝 차리도록 하고, 이는 실수를 방지하기 위한 최선의 태도라고 여긴다는 점이다. 마치 얼차려 후 빠릿빠릿해진 부하 병사들처럼. 하지만 아이러니하게도 실수를 방어하기 위한 필사적인 노력은 더 많은 실수를 만든다. 폭력을 사용한 교육은 무지의 산물일 뿐이다.

폭력은 꼭 신체적인 폭행 행위만을 의미하지는 않는다. 말로 하는 것도 폭력이다. 욕설과 비난, 협박과 비아냥 등이 이에 해당한다. 가령 '이 새끼 저 새끼'와 같은 욕설은 말할 것도 없고, '그딴 식으로 할 거면 때려치워!', '70대도 못 치는 게 골프냐?', '그렇게 놀면서 할 거면 하지 마', '내가 해도 그 정도는 하겠다', '발로 해도 그 정도는 치겠다' 등 부모들은 참다못해 극단적인 말을 내뱉는다. 이제는 성적이 나올 만도 한데 기대한 만큼 나오지는 않고 여전히 열심히 하지 않는 태도에 대한 불만이 터진 것이다. 거기에 적잖이 들어간 금전적인 부분을 생각해보면 홧김에 튀어나올 수도 있다. 특히 부모는 '때려치우라'는 말을 하기 쉬운데, 이 말을 들은 자녀는 큰 혼란에 빠질 수 있다. 자기 딴엔 인생을 걸고 하는 일인데 타인에 의해 가로막힌다면 '나는 앞으로 어떻게 살아가야 하는가.' 하는 막연한 두려움으로 삶의 자신감마저 잃게 된다. 이처럼 신체적, 언어적 폭력을 당한 아이는 정서적으로 불안한 상태가 되어 집중력이 현저히 떨어진다. 기가 꺾인 아이는 매사에 소극적인 행동을 보이고, 자신감을 가질 수 없다. 결국 자신이 좋아서 시작했던 골프가 부모의 강압에 이끌려 하는 꼴이 되어 버린다. 폭력은 골프에서 필요한 모든 멘탈적인 요소를 앗아간다.

2. 비교하는 말, 능력을 깎아내리는 말 안 하기

"등수라고 하셨나요? 등수가 뭐죠?"
"영어 공부를 하면서 어떻게 경쟁을 할 수 있죠?"

이 물음은 우리나라 교육에 관한 이야기를 들은 핀란드 사람의 반응이다. 핀란드에서는 학생들에게 시험을 치르게 하지만 등수는 매기지 않는다고 한다. 그리고 덧붙여 말하길 시험을 치르는 목적은 해당 과목을 얼마나 이해했는지를 확인하고 어디가 부족한지를 찾기 위함이라고 한다. 인터뷰에 응한 핀란드인은 "친구들끼리 비교해서 서열을 매기면 어떻게 협동심과 우정이 생길 수 있죠?"라고 반문하며 '시험 결과로써 등수를 만들고, 성적표를 공개하는 것은 아이들의 기를 애초부터 꺾어놓은 최악의 교육 형태'라고 꼬집는다.

언젠가 국가대표 경력이 있는 피겨스케이팅 선수를 상담했다. 입상경력도 있고, 한때 좋은 기량을 보인 선수였지만 운동을 그만두고 싶어 했다. 이제는 시합이 두렵고, 더 이상 실수하는 모습을 사람들에게 보여주고 싶지 않았다. 왜 이런 마음이 됐을까 상담을 통해 추적했다. 그 원인은 부모의 사소한 말 한마디에서 시작되었다. "○○는 저렇게 잘하는데 왜 너는 못하니?" 엄마는 라이벌 관계에 있는 선수를 들먹이며 핀잔했다. 선수는 이후 처음으로 실수하면 안 되겠다고 생각했다. 자칫 '실수하면 안 되겠다'라는 다짐은 어른들 생각에 바람직한 태도처럼 보일 수 있다. 실수가 없어야 좋은 점수를 받고, 경쟁에서 이길 수 있기 때문이다. 하지만 이는 부정적인 목표라는 점에서 한계가 있다. '실수'라는 단어가 머릿속에 맴돌 때, 선수는 자기도 모르게 실수하는 모습을 암시하면서 불안과 함께 몸이 위축된다. 피겨스케이팅에서의 핵심 기술인 점프는 골프와 마찬가지로 감각적인 수행이 필요하다. 이때 몸의 긴장은 자연스러운 동작에 방해가 되어 실수를 유발한다. 골프에서도 특정 동작에 과도하게 집중할 때 또는 긴장감이 클 때 실수가 더 많이 나오는 이치와 똑같다.

골프선수 부모 역시 비교하는 말을 내뱉기 쉽다. 가령 '누구는 70대에 들어왔다는데', '누구는 언더파 쳤다더라', '누구는 상비군이 됐다는데', '누구는 그렇게 좋아졌다는데.' 이런 말을 굳이 하는 이유는 아이에게 자극을 주어 열심히 하도록 동기를 주려는 의도이다. 하지만 비교를 당하는 사람은 타인보다 재능이 떨어진다는 열등감과 함께 자존감에 상처를 입는다. 부모뿐만 아니라 지도자들이 내뱉기 쉬운 또 다른 말 중에는 능력을 깎아내리는 말이 있다. 가령 '너는 드라이버가 문제다. 퍼팅이 문제다', '백스윙이 문제다. 다운스윙이 문제다', '너는 파워가 약하다. 유연성이 떨어진다', '너는 감이 없다. 운동에 소질이 없는 것 같다.' 등 마치 선수에 대해서 전문가 분석이라도 해주는 것처럼, 마치 깨닫지 못하고 있는 문제점을 일깨워주는 것처럼 조언한다. 이런 말들 역시 단순히 '열심히' 하도록 동기를 만들려는 어른들의 계략이다.

하지만 이러한 조언이 정말 사실일지는 의문이다. 골프에 대한 전문성이 없고, 경험해보지도 않고, 성급한 판단을 일삼는 어른들이라면 문제가 아닌 것을 공연히 문제 삼아 자신을 바라보는 관점을 부정적으로 만든다. 특히 골프를 좀 쳐봤다고 해서 골프에 대해서 잘 알고 있다고 생각하는 부모가 있다. 큰 착각이다. 골프를 멘탈게임으로 이해한다면 타인에 대한 조언은 매우 조심스러운 문제라는 것을 깨닫게 된다. 물론 저런 말을 듣고 있는 아이들이 자기 소질과 능력을 폄하해서 인식하지 않고, 스스로 존중하는 마음을 빼앗기지 않은 상태에서 좀 더 훈련에 적극적인 태도를 가질 수 있다면 참으로 다행이다. 하지만 이런 일은 일어나지 않는다. 능력을 깎아내리는 말에 반복적으로 노출된 선수는 자신의 단점과 부족한 점을 채우기 위해 매진하기 쉽다. 이는 부정적인 목표로써 훈련 시간을 채우기 쉽고, 그저 스윙 동작에 얽매인 훈련으로써 시간을 보내기 쉽다.

멘탈코치 입장에서 재능과 소질을 깎아내리는 말들은 꽤나 신경을 거슬리게 한다. 일선 지도자 역시 선수를 지도할 때, 자신을 부정적으로 생각하게 만드는 단어는 사용하지 않도록 노력해야 한다. 어른들은 조금만 신경 쓰면 선수의 마음을 위해 좀 더 좋은 단어를 선택할 수 있다. 가령, "너는 드라이버가 문제다"라고 이야기하고 싶다면 "너는 드라이버만 보완하면 되겠다"라고 말한다. 또는 "너는 퍼팅감이 없다"라고 이야기하고 싶다면 "너는 퍼팅감만 좋아지면 되겠다"라고 말한다. 그 이유는 단순히 '문제다', '없다'라고 이야기하는 것은 '드라이버샷', '퍼팅감'이라는 특정 부분에만 문제가 있다고 생각하는 것이 아니라 '드라이버샷', '퍼팅감'을 포함한 '자기 자신'이라는 전체의 문제로 받아들일 수 있기 때문이다. 이는 자기 방을 청소하지 않은 자녀의 행동 그 자체만을 나무라는 것이 아니라 "너는 왜 애가 그 모양이냐!"라면서 청소하지 않은 행동과 함께 인격 전체를 비난하는 것과 흡사하다.

어른들의 긍정적인 단어 선택은 자신을 결핍이 있는 사람으로 인식하지 않도록 하고 자신의 모든 인격과 재능을 존중하면서 단지 부족한 부분을 채워가도록 유도한다. 골프든 삶이든 결핍을 채우기 위한 노력만 한다면 자신의 재능을 폭발시킬 수 없다. 이렇듯 비교와 능력을 깎아내리는 사소한 말 한마디에도 심리적인 영향은 크다. 부정적인 말을 지속적으로 들어온 아이들은 가랑비에 옷 젖듯 결국 취약한 심리구조를 갖는다. 특히 아이들은 아직은 미성숙체이면서, 아직은 외부 자극에 취약한 존재이기 때문에 어른들의 각별한 언어습관이 필요하다.

3. 성적으로 혼내지 않기

중학교 3학년 남학생과 상담한 적이 있다. 이 학생은 구력이 5년 정도 되었고, 도 대회에서 우승경력이 있었다. 하지만 언더파에서 80대에 이르기까지 스코어 기복이 큰 편이었다. 상담을 통해 그 원인을 분석한 결과 역시나 부모님의 영향이 크게 작용했다. 학생은 이런 말을 토로했다. "1번, 9번 홀 하고, 10번, 18번 홀에서 긴장이 돼요. 왜냐하면 부모님이 보고 있으니까요. 첫 홀에서는 공이 페어웨이로 가면 '엄마가 좋아하지 않을까?' 생각하게 되고, 9번 홀에서는 투 퍼트만 하면 '다행이다'라는 생각이 들어요. 10번, 18번 홀도 마찬가지예요. 그 홀에서 실수하면 엄마가 꼭 뭐라고 해요." 그리고 아이가 하는 말이 "시합 중에 실수하면 구름에 엄마 아빠 얼굴이 떠올라요." 이야기를 들어보니 이 아이는 성적이 좋지 않으면, 아빠로부터 폭력을 당했고 욕설을 듣곤 했다. 아빠는 항상 '이 정도 구력이면 적어도 75타 전후의 성적이 나와야 하지 않느냐'라고 생각했다. 만족스럽지 않은 성적이 나올 때면, 아빠는 아이를 자기 방식대로 막 다뤘다. 아이는 욕설을 듣고 맞을 때마다 너무 서럽고, 집을 나가고 싶었다.

부모들은 시합이 끝나면 성적이 얼마인지가 가장 궁금하다. 성미 급한 부모들은 전반 9홀이 끝나기가 무섭게 성적부터 확인하려 든다. 그리고 18홀이 모두 끝나면 선수를 보자마자 몇 타 쳤냐고 캐묻는다. 조금 참을성 있는 부모들은 그나마 선수가 먼저 이야기해줄 때까지 기다린다. 하지만 여전히 '그래서 몇 타 쳤는데?'라는 말이 입안에서 뱅글뱅글 맴돈다. 선수 역시 성적이 좋지 않을 때는 끝나기가 무섭게 부모가 어디에 있는지부터 살핀다. 이처럼 선수와 부모 사이에 가장 민감한 부분은 성적이다.

이렇게 성적에 민감할 수밖에 없는 이유를 생각해보자면 여러 가지가 있다.

우선 표면적인 이유는 성적이 좋게 나와야 예선 통과를 할 수 있고, 큰 대회로 진출할 수 있으며, 국가대표 포인트도 획득할 수 있기 때문이다. 더 나아가서 프로 테스트에도 통과해야 하고, 시드도 받아야 하며, 성적에 따라 상금도 주어지기 때문이다. 한편 숨겨진 이유는 들어간 돈이 한두 푼도 아니고, 부모 또한 자식 골프 때문에 포기한 것이 한둘이 아니기 때문이다. 부모는 시간과 금전뿐만 아니라 들어간 에너지와 정성만큼 성적도 비례해서 나올 것이라 기대한다. 아니, 나와야 한다고 생각한다. 또 다른 이유는 공개된 성적으로 인해 주변 시선을 의식하고 때로는 좋지 않은 성적에 창피함을 느끼기 때문이다. 이러한 여러 가지 이유로 기승전 성적으로 아이를 몰아가게 된다. 하지만 골프 성적은 부모의 뜻대로 나오지 않는다. 오히려 거꾸로 가기도 한다. 성적에 대한 과도한 집착은 선수에게 있어서 여러 가지 심리적인 부작용을 낳는다.

첫 번째로, 시합을 뛰는 선수의 마음을 조급하게 만든다. 결과를 염두에 둔 플레이는 언제나 '잘 쳐야 한다'는 부담을 만들고 그것은 미스샷에 대한 두려움으로 발전된다. 두려움은 미스샷으로 그 미스샷은 또 다른 두려움으로 이어진다. 악순환이다. 점수를 잃어가면 선수는 만회를 생각하며 호시탐탐 공격적인 플레이를 시도한다. 그러면 위기 상황은 점점 많아진다. 이처럼 부담과 두려움이 경기에 좋지 않은 이유는 현재에 집중하지 못하는 마음 상태가 되면서 부정적인 정서로 인해 몸이 위축되기 때문이다.

두 번째, 실패로부터 교훈을 얻는 긍정적 마인드를 갖추지 못한다. 골프는 수많은 도전의 연속이며, 새로운 시도의 장이다. '골프는 실수의 게임'이라는 말이 있듯이, 골퍼는 반복되는 시행착오 속에서 비로소 성장한다. 실수는 그 자체로 나쁜 것이 아니라 성장의 발판인 셈이다. 하지만 성적에 집착한 선수는 실수에 대해 긍정적인 태도를 갖지 못하고 오로지 피해야 할 대상으로만 여긴다. 가령 오늘 성적에 악영향을 미칠까 실수를 걱정하면서 겁부터 먹고, 실수에 걱정 때문에 늘 하던 방식에서 벗어나지 못한다. 성장은 새로운 시도와 변화 속에서 이루어지는데도 말이다.

세 번째, 골프의 흥미를 잃을 수 있다. 성적에 집착된 선수는 오로지 성적에 따라 기분과 감정이 달라진다. 좋은 성적에는 세상을 다 얻은 듯 좋아하고, 나쁜 성적에는 세상 모든 것을 잃은 듯 절망에 빠진다. 이러한 마음에서는 골프 본연의 재미를 추구하지 못하고, 스트레스만 쌓인다. 골프의 재미는 상상을 현실로 만드는 즐거움, 긴장된 순간의 도전과 성취, 자신의 감각과 능력에 대한 테스트, 내 능력 뽐내기에 있다. 고작 숫자에만 매달려 감정을 소모하는 일은 골프의 진정한 의미를 놓치고 만다.

어떤 아이들은 혼날 것이 두려워 부정행위를 한다. 수단과 방법을 가리지 않고 오로지 성적에만 매달려 있는 마음이다. 항간에 들리는 말 중에는 학생골프 대회에는 부정행위가 만연해 있다고 한다. 이런 현상이 과연 선수들만의 문제인가. 오죽하면 나쁜 짓인 줄도 알면서 그 어린 선수들이 부정행위를 해야 하는가. 혹시나 어른들이 그렇게 유도하고 있는 것은 아닌가 진지하게 생각해볼 문제이다. 사실 골프선수에게 성적은 중요하다. 하지만 그것을 어떻게 성취할 것인가는 또 다른 문제이다. 그저 성적 하나로 선수를 나무라는 행위는 멘탈이 약한 선수로 만들 뿐이다.

그렇다면 성적에 집착하지 않고 좋은 성적을 얻는 방법이 있을까? 이 모순을 극복할 수 있는 방법이 있기는 한 것인가? 그 방법은 부모나 선수나 성적을 만드는 과정, 멘탈적인 측면에 답이 있다. 그것을 나열해보자면, 감각게임을 잘했는가? 상상을 현실로 만드는 일에 집중했는가? 타깃에 집중한 플레이를 했는가? 무의식적인 샷을 했는가? 실수를 수용했는가? 자신감 있는 플레이를 했는가? 안

전한 공략, 마음을 비우고 경기했는가? 즐거운 골프를 했는가? 등이다. 만약 과정에 집중한 플레이를 잘했다면 선수는 성적이 잘 나왔든 안 나왔든 그 시도와 노력만으로도 훌륭한 게임을 한 것이다. 어른들은 이 부분에 대한 선수의 노력을 인정해주어야 한다. 칭찬도 좋고 격려도 좋다. 그러면 선수는 건강한 마음으로 오늘 성적과는 상관없이 도전을 이어가며 다음에는 잘할 수 있을 것이라는 미래지향적인 멘탈을 가질 수 있다. 결국 이러한 마음에서 선수는 성장하고, 훗날 반드시 좋은 성적으로 돌아온다.

4. 질책보다는 격려해주기

우리는 똑같은 현상 앞에서 누구는 부정적인 사고를 하는가 하면 누구는 긍정적인 사고를 한다. 가령 국어 100점, 수학 70점의 성적표를 받아온 학생에게 어떤 부모는 국어를 100점 받았다고 칭찬을 아끼지 않으면서 '수학도 조금만 더 노력하면 잘할 수 있겠다'고 격려한다. 잘한 것에 초점을 맞춘 피드백이다. 반면에 또 다른 부모는 '수학을 왜 이렇게 못했냐?'라고 질책하면서 '국어만 잘하면 뭐 하냐? 수학이 이 모양인데!'라며 나무란다. 못한 것에 초점을 맞춘 피드백이다. 같은 현상을 두고 참으로 상반된 반응이다. 이렇게 달라진 반응은 학생의 마음에 직접적인 영향을 미친다. 긍정적인 피드백을 받은 학생은 국어를 100점 받았다는 자부심과 함께 수학을 더 열심히 해야겠다는 동기를 갖는다. 반면 부정적인 피드백을 받은 학생은 수학을 70점 맞아왔다는 좌절감과 함께 국어를 100점 맞아왔음에도 불구하고 공부 자체에 대한 동기를 잃을 수 있다. 부모가 현상을 바라보는 관점이 학생에게 그대로 전이된다.

성미 급한 부모들은 미스샷을 반복하는 선수를 보고 있노라면 한 마디씩 쏘아붙이곤 한다. 가령 "도대체 OB를 몇 개씩이나 내는 거야!", "연습을 하는 거야 안 하는 거야!", "정신을 안 차리니까 쓰리 퍼팅을 하는 거 아니야!" 비아냥거리듯 화를 내면서 다그치는 부모의 말속에는 선수의 연습 태도를 좀 더 진지하게 만들려는 의도가 있다. 하지만 이는 자칫 실력향상을 가로막는 장애가 될 수도 있다. 골프에서의 미스샷은 필연적이다. 지상 최고의 무대인 미국 PGA투어 선수마저도 종종 OB를 내고, 물에 빠뜨린다. 쓰리 퍼팅은 말할 것도 없다. 골프 황제 타이거 우즈도 오랜 시간 슬럼프에 빠져 80대 타수는 물론 심심치 않게 예선 탈락을 기록했다. 최근에는 10개월 만에 복귀하여 생크 볼을 치는가 하면 대회 중 기권도 했다. 세계 최고의 선수도 이러할진대 이제 갓 골프를 시작한 우리 아이들은 어떻겠는가?

　부모들이 이렇게 선수들의 실수를 용납하지 못하는 이유는 미스샷을 나쁜 것으로 여기기 때문이다. 자신만의 감각게임을 완성하기 위해서는 모자라면 보태고 넘치면 줄이는 과정이 필요하다. 그 과정은 실수를 통해 이루어진다. '실패는 성공의 어머니'라는 말이 있듯이 OB를 많이 내봐야 OB 안 나게 치는 법을 터득하게 되고, 쓰리 퍼팅을 많이 해봐야 쓰리 퍼팅 안 하는 법을 터득하게 된다. 사실 자신만의 감각이 완성되었다고 하더라도 여전히 미스샷은 나올 것이다. 왜냐하면 골프에서 완벽이란 없기 때문이다. 만약 완벽한 골프가 가능한 것이었다면 100% 파 온에 모든 퍼팅을 원 퍼팅으로 끝내는 선수가 나와야 한다. 하지만 그것은 불가능하다. 그렇다면 정작 중요한 문제는 실수에 대해 어떤 태도를 취하는가이다.

　태어나서 이제 막 걷기를 시작한 내 아이를 추억해보자. 아기가 처음으로 두 발로 선 다음, 부들부들 떠는 다리로 한 발 한 발 내디뎠던 순간이 있었다. 이때 부모의 태도는 어땠는가? 아마도 손뼉 치고 무척이나 기뻐했을 것이다. 행여 넘어지기라도 하면 다시 일으켜 세우고, 격려해주었다. 내 아이의 도전이 그렇게 기특할 수가 없다. 아기는 그렇게 부모의 도움과 응원 속에서 넘어지고 일어서기를 반복하며, 결국 걷는 법을 터득한다. 여기서 주목해야 할 부분은 아이의 넘어짐(실패)에 대해 부모는 지극히 당연한 태도를 보인다. 어떤 부모도 넘어졌다고 해서 질책하거나, 비아냥거리거나 화내지 않는다. 이 지점이 바로 골프에서 똑같이 생각해야 하는 부분이다. 골프에서의 실수도 잘못한 일이 아니다. 골프를 터득하기 위한 당연하고도 자연스러운 현상이다. 당장 성적이 잘 나오지 않더라도 다시 일으켜 세우고, 용기를 내도록 격려해주어야 한다. 부모는 언제나 아이가 실수로 인해 좌절하지 않도록 이끌어주어야 한다. 이러한 부모의 응원과 격려 속에서 아이는 보다 빨리 골프를 터득하게 된다. 칭찬과 격려는 실수를 수용하는 마음을 키우고, 보다 더 여유로운 마음을 갖도록 해준다.

스포츠심리학에서의 최초 실험연구는 미국의 노먼 트리플릿(Norman Triplett, 1897)이라는 사회심리학자에 의해 이루어졌다. 이 실험을 통해 사이클 선수는 경쟁자 또는 관중이 존재할 때 더 좋은 기록을 낼 수 있다는 것을 밝혀냈다. 또 다른 연구에서는 초등학생이 피아노를 배울 때, 교사의 칭찬이 연주에 영향을 미칠 수 있는가를 알아보았다. 연구 결과, 교사의 칭찬 프로그램을 처치한 그룹이 그렇지 않은 그룹에 비해 연주 성취 능력이 더 좋게 평가되었다. 이 두 연구를 통해 짐작할 수 있는 바는 외부자의 존재만으로도 수행자의 심리적 변화를 만들고 긍정적인 자극이 추가될 때, 그 영향력은 수행 결과에까지 미칠 수 있다는 점이다. 하지만 이러한 과학적 근거에도 불구하고, 대한민국의 어른들은 유독 아이들에 대한 응원과 격려에 인색하다. 그 이유 중 하나는 '말 한마디에 얼마나 큰 영향을 미치겠어'라며 칭찬과 격려의 가치를 애써 깎아내리려는 사고방식에 있기 때문이다. 하지만 좌절과 실망에 빠진 사람에게 격려와 응원은 큰 위로가 된다. 다시 일어서게 하는 힘을 줄 뿐만 아니라 자신을 부정적으로 생각하는 마음을 방지하며 '더욱 열심히 하자'와 같은 동기를 준다. 행여 칭찬과 격려로 인해 '나태하지는 않을까', '자만하지는 않을까.' 하는 염려는 기우이다.

부모가 칭찬과 격려의 언어를 모르는 경우도 있다. 이는 부모 자신의 심리적인 문제가 원인이기도 하다. 부모가 성장기에 자신의 부모로부터 긍정적 언어보다 부정적인 언어를 더 들었다면 결국 타인에게 제한된 언어만 사용하게 된다. 아마도 질책과 책망, 무시와 욕설과 같은 부정적 언어 사용이 더 익숙할지도 모른다. 몇몇 선수들은 "우리 부모님은 칭찬 같은 거 몰라요", "부모님한테 칭찬한 번 들어봤으면 좋겠어요"라는 말을 심심치 않게 한다. 어른들은 가능한 한 아이들이 편안한 마음에서 실수하도록 도와야 한다. 평소 생활에서부터 실수가 나쁜 것이 아니라는 분위기를 조성하는 것이 바람직하다. 그런 후 항상 실수를 통해 교훈을 얻도록 안내해야 한다. 그래야 자기 재능을 온전히 발휘할 수 있다.

5. 시합의 중요성 강조 안 하기

골프선수에게 시합은 중요하다. 시합 성적에 따라 주어지는 혜택이 있고, 결국 시합에서 자신의 꿈을 성취할 수 있기 때문이다. 하지만 선수는 라운드의 종류에 따라 중요도를 다르게 느낀다. 가령 연습 라운드보다 시합이 더 중요하게 느끼고, 보통의 시합보다 국가대표 선발전이나 프로 테스트가 더 중요하게 느낀다. 또한 프로선수라면 투어카드를 확보하기 위한 시드전이나 상금 규모가 큰 시합을 더 중요하게 여길 수 있다. 혹은 시드 유지를 하느냐 못하느냐를 결정짓는 마지막 대회가 중요할 수도 있다. 이와 같은 사고방식은 상식적이고 일반적이다.

나를 찾아온 어느 선수도 연습 라운드가 시합보다 더 중요하다고 말하지 않는다. 하지만 멘탈적인 측면에서 생각해보자면 라운드의 중요도가 달라짐에 따라 선수의 마음과 행동이 달라지는 것들이 있다. 가령 더 중요한 시합에서는 준비하는 과정을 더 철저하게 하고, 연습량도 많아진다. 스윙도 더 꼼꼼하게 체크하고, 코스답사도 보통 때보다 더 많이 한다. 어떤 시합에서는 아예 한두 달씩 골프장 근처에 숙식하며 코스를 익히는 선수들도 있다. 그만큼 해당 시합을 중요하게 여기고 있다는 의미이다. 이렇게 준비하는 과정에서 더 많은 시간과 비용을 들이고, 더 많은 정성을 쏟는 것은 게임 외부의 변화이다. 그렇다면 게임 내부의 변화를 생각해보자면 그것은 멘탈에 있다. 라운드의 중요도가 더 커진다는 것은 '점수를 잘 내야 한다', '더 잘 해야 한다'는 강박이 더 크다는 의미이다. 이로 인해 선수는 더욱 신중한 행동을 보이며, 동작에 대해 세심한 노력을 기울인다. 그리고 미스샷 후에는 아쉬움과 실망감을 더 크게 가진다. 어쩌면 평소보다 더 크게 화를 낼지도 모른다.

이러한 마음의 현상은 비단 골프에서만 일어나는 일이 아니다. 일상생활에서도 겪을 수 있다. 가령 이성 친구를 소개받았는데 마음에 쏙 들었다고 가정해보자. 아마도 만날 때마다 가슴이 두근대고, 연인이 되기 위해 갖은 노력을 다할 것이다. 연애 경험이 많지 않은 사람이라면 행동이 신중해지고 말이 꼬일 수도 있다. 그리고 헤어진 뒤에는 더 잘하지 못한 자신의 행동을 후회한다. 하지만 이미 알고 지낸 이성 친구를 만날 때는 어떠한가. 가슴이 두근댈 이유도 없고 행동이 신중해질 필요도 없다. 연인으로 발전할 가능성이 없는 만남이라면 그 중요도가 낮게 인식된다. 또 다른 예를 들어보자면, 한때 미국에서는 경찰이 음주 운전 테스트를 할 때 일명 '일자 걷기' 또는 '똑바로 걷기'를 사용했다. 운전자를 차에서 나오게 하여 양팔을 벌려 걷도록 하는 방식이다. 사실 걷기 동작은 이 세상 누구라도 동작에 대한 세세한 생각 없이 해낼 수 있는 일이다. 하지만 맥주 한 잔 마신 사람이라면 다른 태도를 보일 수 있다. 음주 사실이 들통나지 않도록 굳이 더 똑바로 걷기 위해 노력할지도 모른다. 그러면 어색한 동작이 나온다.

선수 중에는 시합만 가면 실수가 더 많이 나오고, 성적이 잘 안 나온다고 하소연한다. 특히 라운드 후반이나 시합의 최종일로 갈수록 성적이 좋지 않다. 후반으로 갈수록 성적에 집착한 플레이로 무리한 공략을 하기 때문이다. 이런 선수들이 바로 시합을 연습 라운드보다 더 중요하게 생각하고 있는 중이다. 따라서 선수들은 중요한 라운드와 중요하지 않은 라운드를 구분해서는 안 된다. 중요도를 구분하지 않기 위한 방법은 어떤 라운드를 하든 골프 본연의 재미를 추구하면 된다. 내가 좋아하는 골프를 한다는 것 자체가 중요한 일이다. 그렇지만 선수가 이와 같은 생각을 가졌다 하더라도 부모의 개입이 시작되면 모든 일은 허사가 된다.

골프 멘탈을 잘 이해하지 못한 부모는 시합을 위해 선수에게 특별한 준비를 요구한다. 가령, 더 많은 연습을 강요하기도 하고 특별한 컨디션 관리를 요구하기도 한다. 시합을 앞두고는 '나가지 마라', '뭐 하지 마라', '이거 해라, 저거 해라' 등등 많은 것을 주문하기도 한다. 또 어떤 부모는 시합 전에 특정 음식을 먹거나 혹은 먹지 말라고 하기도 한다. 이렇게 요구가 많아지는 이유는 시합 준비를 잘하는 것으로 착각하기 때문이다. 좀 더 체계적인 준비를 원하는 부모들은 지도자에게 시합을 위한 특별한 스윙 점검을 바란다. 심지어 지도자가 시합장에까지 와서 스윙을 점검해주길 바란다. 하지만 안타까운 사실은 시합을 앞두고 기술적인 레슨을 받으면 선수는 의식적인 생각으로 더 많은 미스샷을 만든다. PGA투어에서 메이저 대회 18승, 프로 통산 117승을 기록한 잭 니클라우스는 저서에서 이런 의문을 제기했다. '티오프 하기 전 레슨을 받는다고 해서 골프 실력이 좋아질까?' 그는 레슨을 받는 것이 선수들에게 양날의 칼이 될 수 있다며, 선수는 혼자 해결하는 태도를 보여야 한다고 강조했다. 덧붙여서 '정말로 훌륭한 코치는 무조건 많이 가르쳐주기보다는 자기 스스로 터득하는 법을 가르친다'고 주장했다.

나는 선수들에게 '평상심'을 강조한다. 평상심이란 일상의 마음이다. 시합을 중요하게 여기면 바로 평상심이 깨진다. 시합을 앞둔 선수의 마음과 행동이 특별해지지 않도록 돕는 것이 멘탈코치로서 나의 일 중 하나이다. 부모 역시 이런 방식으로 선수를 도와야 한다. 때로는 선수는 괜찮다고 하는데 부모 자신의 불안감을 선수에게 전가한다. 말로는 '시합을 연습처럼 하라'고 하지만 부모의 마음은 더 초조하다. '시합을 중요하게 여기는 마음'과 '골프를 잘할 수 있는 마음'은 다르다. 부모가 이것을 같게 생각하여 선수에게 '잘해야 한다'라는 마음을 주입하는 실수를 범하지 않아야 한다. 시합을 중요하게 여기는 마음이 시합을 위한 최선의 노력으로 착각해서는 안 된다. 골프를 이루는 요소는 코스 위에 나와 클럽, 그리고 공과 타깃이다. 선수는 공을 타깃으로 보내는 일에만 집중하면 된다. 여기에 다른 의미를 추가시킬 필요가 없다. 그저 공을 치는 행위에 집중하면서 골프를 놀이로 즐기면 된다. 이것이 가장 골프를 잘하기 위한 최적의 마음이다.

6. 의사 결정 존중해주기

어느 날, 고등학생 선수와 상담을 시작했다. 다소 어두운 표정의 아이는 상담 내내 눈을 마주치지 못했다. 자신감도 없어 보였고, 골프에 대한 동기도 크지 않았다. 골프를 왜 하느냐는 질문에 부모님이 시켜서 한다고 했다. 골프가 재미있느냐는 질문에 '모르겠다'고 답한다. 성적이 잘 나올 리 없었고, 골프에 열정이 있을 리 없었다. 아이는 매사에 적극적이지 못했고, 우울감이 있었다. 아이는 뭐가 됐든 엄마가 시키는 대로 하는 편이라고 했다. 어렸을 때부터 엄마가 모든 것을 결정해주었고, 엄마가 선택해주는 것을 따르는 경우가 많았다. 엄마가 사준 옷만 입어야 했고, 관심도 없는 피아노도 배워야 했다. 학교가 끝나면 친구들과 놀고 싶었지만 그럴 수 없었다. 모든 의사 결정권은 엄마에게 있었다.

엄마와의 상담도 진행했다. 엄마는 아이를 위해서 최선을 다해왔다고 말했다. 아이에게 좋은 것을 해주기 위해 노력했고, 잘 가르치기 위해 애썼다고 한다. 예쁘게 키우고 싶었고, 남부럽지 않은 아이로 키우고 싶었다고 한다. 모든 것을 엄마가 좋아 보이는 것, 엄마가 맞는다고 생각하는 것, 엄마가 선호하는 것을 아이에게 주입했다. 엄마의 마음으로는 최선을 다했다. 하지만 엄마는 그 방법이 잘못되었다는 것을 깨닫지 못했다. 아이를 위한 마음이 되려 아이를 망치고 있었으니 안타까운 일이 아닐 수 없다.

아이라 할지라도 스스로 생각하며 판단할 수 있는 정신적 능력이 있다. 그리고 자신이 좋아하는 것을 선택할 수 있는 권리도 있다. 아이는 이 모든 것을 엄마에게 박탈당했다. 이렇게 의사 결정권을 갖지 못한 아이는 생각하는 능력을 잃는다. 타인의 결정에만 의지해온 습관은 자립심을 키우지 못하고 수동적인 태도를 만든다. 소신과 주관을 갖지 못하고 자신의 존재가치를 느끼지 못한다. 이는 낮은 자존감을 의미한다. 낮은 자존감은 각종 정신적인 문제를 초래한다. 이런 아이가 사회에 나오면 과연 삶을 잘 헤쳐 나갈 수 있을까? 엄마가 짜준 학사 스케줄을 따라야 하는 대학생, 취업할 때도 엄마의 결정이 필요한 직장 마마보이, 결혼하고도 엄마를 찾는 철없는 남편, 아마도 많은 문제와 맞닥뜨리게 될 것이다.

스스로 결정한 문제에 대해서 결과를 맛보고 그것에 책임을 지는 경험은 어른이 되기 위한 중요한 과정이다. 이 과정을 잘 겪어온 사람은 어느 영역에서든 자기 역할을 잘 수행하며 온전한 사회 구성원으로서 살아가게 된다. 골프선수에게 피할 수 없는 사실은 생활에서 만들어진 마음이 코스 위에서 고스란히 나타난다는 점이다. 골프는 선택의 게임이다. 매홀 전략을 선택해야 하고, 다양한 상황에서 클럽선택도 해야 하며, 스트로크의 방법을 결정해야 한다. 상황마다 시기적절한 선택을 할 수 있느냐, 이것은 곧 성적과 직결된 문제이다. 골프선수에게 상황판단 능력이란 곧 실력을 의미한다. 하지만 자기 결정권을 키우지 못한 선수는 선택의 순간에 주저한다. 그리고 시간에 이끌려 집중이 안 된 샷, 확신 없는 샷을 하고 만다. 미스샷을 치기 딱 좋은 조건이다. 이렇게 해서 지지부진한 성적이 이어지면 부모는 연습 부족을 탓하고 선수는 스윙에서만 문제점을 찾는다. 더 나아가서는 지도자를 탓하기도 하고, 연습 환경을 탓하기도 한다.

어떤 부모는 훈련과 관련한 부분에서도 자녀에게 결정권을 주지 않는다. 연습을 얼마나 해야 할지, 연습 라운드를 몇 번을 나가야 할지, 특정 시합을 나가야 할지, 지도자는 누굴 선택해야 할지 등 모든 것은 부모가 주도한다. 마치 시합을 뛰는 주체가 부모인 듯하다. 연습량에 대한 결정은 부모가 아닌 선수 자신만이 할 수 있다. 매번 연습의 목표가 있어야 하고, 그 목표 달성 여부에 따라 연습량이 결정되어야 한다. 혹은 감에 대한 확신으로써 연습을 끝마쳐야 한다. 이러한 질적인 부분을 무시한 채 하루에 몇 시간은 해야 한다는 둥, 몇 박스를 쳐야 한다는 둥, 단순히 양적인 기준에 의한 결정은 시간과 비용과 에너지를 낭비할 수 있다. 연습 라운드 역시 마찬가지이다. 해당 코스에 얼마나 익숙한지는 선수 자신이 아는 문제이므로 부모는 이에 대해 간섭하지 않아야 한다. 또한 여러 가지 이유로 인해 하고 싶은 라운드가 있고, 또 하고 싶지 않은 라운드가 있다. 부모는 이를 무시해서는 안 된다. 지도자를 선택하는 문제 역시 선수의 결정으로 이루어져야 한다. 선수는 지도자와 대화 코드가 맞는지, 코칭 스타일이 자신과 맞는지, 훈련 조건이 자신에게 맞는지 등을 직접 경험해보고 부모는 선수 자신이 직접 선택할 수 있도록 도와야 한다.

자신감 있는 골퍼가 되기 위해서는 모든 것을 자기주도적으로 해나가야 한다. 스스로 결정하고, 계획하며, 실행할 때 진정한 자기 것으로 만들 수 있다. 부모는 아이를 한없이 약한 존재, 불안전한 존재, 미숙한 존재로만 바라봐서는 안 된다. 자녀의 모든 것이 미덥지 않을 때 부모가 모든 것을 해결하려 든다. 그러면 아이는 더 약하고, 더 불안하고 더 미숙한 사람이 되어버린다. 부모의 결정만을 기다리는 수동적인 아이는 코스에서 게임 운영 능력을 상실한다. 아이에게 스스로 결정하고 그것으로부터 시행착오를 겪게 하는 일은 어른의 관점에서 답답하게 느껴질 수도 있다. 이 답답함을 못 이겨 또는 부모 자신의 편의 때문에 아이에게 참교육의 기회를 박탈해서는 안 된다. 부모는 현명해져야 한다.

7. 연습 강요 안 하기

부모로부터 이런 전화를 받은 적이 있다. "우리 아이가 선생님 말씀을 듣고 연습을 너무 안 하는 것 같은데, 아이가 연습을 좀 열심히 해야 하지 않을까요?" 연습량이 적은 것 같다고 생각한 부모는 선수가 이래도 되나 걱정부터 앞선다. 게다가 시합 성적까지 좋지 않다면 '연습을 열심히 해도 모자랄 판인데 이건 아니다'라고 생각하기 쉽다. 보다 못한 부모는 내게 전화한다. 마음속에선 '선수가 연습을 열심히 해야 하지 않느냐'며 따지고 싶지만, 부모는 코치인 내가 선수에게 '열심히 좀 하라'고 이야기해주길 바란다.

나는 선수와 부모에게 자발적인 연습 태도를 강조한다. 이런 내 말에 부모 역시 전적으로 동의한다. 부모 역시 선수에게 자발적인 태도를 강요한다. 하지만 가만히 생각해보자. '자발적인 태도를 강요하는 것.' 세상에 이런 모순이 어디 있나. 결국 '열심히 하라'는 명령조의 지시 아닌가. '스스로 좀 알아서 열심히 하라'는 말의 진짜 의미는 '이제는 열심히 하라고 이야기하는 것조차 지겨우니까 내 입에서 잔소리 나오기 전에 알아서 하라'는 뜻이다. 이 말의 숨은 뜻은 수동적인 태도를 자동화하라는 이야기다. 부모가 더 확고한 수동적 태도를 만들고 있다.

자발적인 연습 태도는 일에 대한 흥미와 효율성을 높일 뿐만 아니라 집중력을 높인다. 또한 인내심과 회복력도 좋아진다. 당연히 좋은 성과가 나오기 쉽다. 어른들이 고민해야 할 것은 아이의 자발적인 태도를 어떻게 만드느냐이다. 하지만 어른들은 자꾸만 연습을 강요한다. 나는 부모들에게 묻고 싶다. 그렇게 자발적인 태도가 중요해서 과연 선수에게 자발적으로 할 수 있는 기회를 주었는가? 스스로 줬다고 생각은 하겠지만 게으른 연습 태도를 이내 참지 못했다면 그것은 기회를 준 것이 아니고, 그저 선수를 테스트한 것뿐이다. 기회를 줄 때는 어떠한 형태로도 강요가 있어서는 안 된다. 단 한 마디의 강요와 명령이 들어가는 순간, 선수의 자발성은 그 자리에서 사라진다.

어떤 아이는 이런 말을 한다. "제가 알아서 하려고 했는데 엄마가 하라고 시키면 하고 싶은 마음이 뚝 떨어져요." 부모가 진정으로 선수의 자발적인 태도를 원한다면, 연습을 게을리하는 선수 모습이 못마땅해도 기다려야 한다. 돈이 들어가는 것을 생각하면 부아가 치밀어도 어쩔 수 없다. 다른 선수들의 열심히 하는 모습이 부러워도 할 수 없다. 부모의 역할은 선수에게 배울 기회를 주고, 연습할 수 있는 기회를 주는 것이다. 그리고 흥미가 생겨 스스로 알아서 할 때까지 기다려주어야 한다. 어쩌면 이것이 부모의 '마음비움'일는지도 모른다.

부모에 의해 강요받은 연습에는 많은 부작용이 따른다. 시간 때우기 연습이 되기 쉽고, 눈치 보는 연습이 되기 쉽다. 질적인 연습이 되지 않고, 단순히 스윙 동작에만 매달린 연습이 되기 쉽다. 의무적인 연습이 되기 쉽고, 불안을 해소하기 위한 연습이 되기 쉽다. 이런 연습에서는 흥미를 갖기 어렵고, 집중도 되지 않는다. 게다가 불필요한 에너지만 낭비하게 된다. 생활적인 측면에서는 훈련에 할애된 시간이 많아지기 때문에 충분한 휴식을 취하기도 어렵다. 취미와 같은 자기만의 시간을 갖기도 어렵다. 결국 삶의 질은 떨어지고 자신감도 떨어진다.

만약 '오로지 연습만이 성공의 길이다'라는 말이 진리였다면 연습에만 매달려 있는 모든 선수는 성공해야 마땅하다. 하지만 현실은 그렇지 않다. 아이러니하게도 멘탈코치인 나를 찾아오는 대부분의 선수는 많은 연습량에 비해 성과를 내지 못하고 상처받은 선수들이다. '열심히'에는 함정이 있다. 골프 입문 후 열심히만 한다면 실력도 늘고, 프로 자격도 받을 수 있다. 그 약간의 성과가 골프에 대한 태도, 훈련에 대한 태도를 바꾸지 못하도록 만든다. 고작 프로 자격을 받는 것이 목표였다면 무작정 열심히만 시키면 된다. 고작 정회원 자격을 받는 것이 목표였다면 시도 때도 없이 열심히만 강조하면 가능할지도 모른다. 내 경험에 의하면 무작정 '열심히'만 해서 최고로 갈 수 있는 수준은 1부 시드를 받는 정도이다. 그리고 2부와 1부를 오가며 돈만 축낸다. 대부분은 프로 자격을 받는 것으로 끝난다. 운이 안 좋으면 이마저도 힘들다. 마음은 물론 상처투성이다.

하지만 대한민국 최고, 나아가 세계 최고의 선수를 만들고자 한다면 눈에 보이는 '열심히'에 집착하지 않아야 한다. 나는 선수들에게 '하고 싶지 않은 연습은 안 하는 것'으로부터 자발적 동기를 유도한다. 일단 내버려 두고 기다리는 마음을 갖는다. 그사이 나는 자신의 본능적 감각을 사용하는 골프, 타깃에 집중하는 무의식의 골프가 되도록 안내한다. 여기에 바로 골프 본연의 흥미가 숨어 있다. 마침내 이를 맛본 선수는 그제야 스스로 알아서 하는 태도가 나온다. 그리고 선수는 신세계를 경험한다. 이제부터는 재미있어서 할 뿐이지 열심히 해야 한다는 강박으로 훈련하지 않는다. 자신감이 차오른 선수는 연습이든 시합이든 골프장 가는 길이 즐겁다. 오늘은 어떤 드라마가 펼쳐질지, 나의 능력으로 어디까지 갈 수 있을지, 얼마나 좋은 게임을 할 수 있을지, 얼마나 즐거운 시간을 보낼 수 있을지, 선수는 언제나 설레는 마음으로 라운드에 임한다. 골프는 긍정적인 긴장감과 함께 늘 새롭게 다가온다. 하루하루 골프 재미에 푹 빠져 있는 나의 선수들은 시합이 늘 기다려진다고 말한다.

미국의 유명한 스포츠 심리학자 밥 로텔라 박사는 선수들에게 현명한 노력을 이야기한다. 그것은 연습량에 있는 것도 아니고, 완벽한 스윙에 있는 것도 아니며, 골프를 진정으로 잘할 수 있도록 만드는 멘탈적인 노력에 있다고 말한다. 그가 말하는 현명한 노력은 때로는 남들이 보았을 때 노력하지 않는 것처럼 보일 수 있다. 연습에 목을 매지 않고, 연습에 집착하지 않는 모습, 혹은 정기적인 휴식과 취미와 같은 자기만의 시간을 보내는 선수의 모습이 그렇게 노력하지 않는 모습으로 보일 수 있다는 이야기다.

멘탈 코칭이 잘 되어가는 나의 선수들은 서서히 부모 눈치를 보는 연습에서 벗어난다. 하고 싶은 연습을 하기 때문에 연습이 지루하지 않다. 또한 불필요한 체력 소모를 하지 않으며 꼭 필요한 연습만 하므로 훈련의 효율이 높아진다. 쉴 때 쉬고, 할 때 하는 마음으로 집중력도 좋아진다. 골프와 생활의 균형감을 찾으면서 삶의 만족감이 생긴다. 연습량은 전보다 줄었지만 자신감이 생기고 성적이 오르는 기이한 현상을 맛보게 된다. 이러한 선순환에 진입한 선수와 부모는 이구동성으로 '신기하다'는 말을 한다. 연습량이 줄고, 놀 것 다 놀고 하는데 성적도 오르고 우승도 하니 신기할 만도 하다. 그리고 선수가 행복해하는 모습을 보면서 부모는 안도하며 '이것이 골프의 올바른 길이구나'를 새삼 깨닫는다. 그리고 내게 연신 감사하다는 인사를 하며 나를 진작 만나지 못한 것을 아쉬워한다.

8. 효율적으로 칭찬하기

《칭찬은 고래도 춤추게 한다》라는 책이 화제가 된 적이 있다. 내용은 조련사가 칭찬을 통해 고래를 훈련하고 그것을 인간관계에 적용한다는 이야기이다. 이 책은 제목만으로도 사람들의 입에 많이 오르내려 칭찬의 효용을 널리 알렸다. 칭찬이 좋은 이유는 아이에게 인정욕구를 채워주고 긍정적인 자극을 줌으로써 정신 건강을 좋게 해주기 때문이다. 특히 자신을 긍정적으로 여기도록 하여 자존감을 높여준다. 하지만 양날의 검처럼 잘못 사용되거나 남용하면 오히려 역효과가 난다. 효율적인 칭찬은 다음과 같다.

첫째, 무의미한 칭찬을 하지 않는다. 칭찬의 이유와 근거가 명확하지 않은 데도 단지 칭찬의 횟수만 늘리면 아이들은 칭찬 그 자체에만 집착하게 된다. 그러면 칭찬받을 행동만 찾게 되고 행여 칭찬받지 못하면 실망한다. 둘째, 다른 아이와 비교하는 칭찬은 하지 않는다. 가령 '○○보다는 잘했구나', '○○한테 이겼으니 잘한 거야'라고 칭찬한다면 불필요한 경쟁심을 불러일으켜 자신에게 집중하기보다 타인을 신경 쓰는 골프를 하게 된다.

셋째, 타고난 능력에 대해 칭찬하지 않는다. 가령 '너는 골프를 위해 태어났다', '너는 골프 천재다', '골프 신동이다'와 같은 말들이다. 이런 말을 자주 들은 아이는 왜곡된 자기 이미지를 만들어 언제나 천재처럼, 신동처럼 골프를 잘해야 한다는 부담감을 가질 수 있다. 그러면 실수하는 자신을 못마땅하게 여기고 자신을 책망하는 마음만 커진다. 넷째, 보상과 함께한 칭찬은 하지 않는다. 가령 '이번에 몇 등 안에 들어오면 뭘 사주겠다', '몇 타를 쳤으니 뭘 해주겠다' 가끔 보상과 함께한 칭찬은 골프에 대한 동기를 강화하기도 하지만 보상이 반복되면 아이는 골프 본연의 재미를 추구하지 못하고 늘 보상만 바라는 골프를 할 수 있다.

　다섯째는 잘한 점을 구체적으로 칭찬해야 한다. 가령 '오늘은 열심히 연습했구나!'보다는 '두 시간만 연습할 줄 알았는데 세 시간이나 했구나!' 혹은 '시키지 않아도 스스로 연습하려는 마음을 가졌구나!' 혹은 '오늘은 타석에서 돌아다니지 않고 연습에 집중했구나!'처럼 아이가 칭찬의 이유를 명확하게 인식할 수 있도록 말한다. 그러면 아이는 구체적으로 무엇을 잘해야 할지를 깨우친다. 마지막 여섯 번째는 결과에 대한 칭찬보다는 과정에 대한 칭찬이다. 보통 어른들은 결과에 대한 칭찬이 많다. 좋은 결과에도 칭찬이 필요하겠지만 늘 결과만 가지고 칭찬한다면 아이는 오로지 결과에 집착한 골프를 할 수 있다. 그러면 성적에 따라 예민한 골프를 하게 되고, 미스샷을 수용하지 못하는 마음만 커진다. 반면 과정에 대한 칭찬은 멘탈적인 부분에 있다. 가령 버디 욕심내지 않기, 스코어 잊고 플레이하기, 미스샷에 화내지 않기, 다른 사람 신경 쓰지 않기, 긍정적인 생각 유지하기, 포기 안 하기, 타깃에 집중하기, 최선을 다하기 등등.

　이처럼 칭찬에도 방법이 있듯이 혼낼 때도 기술이 필요하다. 기술이라 함은 혼내더라도 자존감을 해치거나 인격 자체를 무시하지 않는 방법을 말한다. 혼낼 때의 주의사항은 첫째, 자기 잘못에 동의할 수 있어야 한다. 잘못한 점이 없다고 생각하고 있는 아이를 혼낸다면, 아이는 억울한 감정과 반항심을 갖는다. 이런 일이 반복되면 부모와의 소통은 끊어진다. 특히 성적으로 혼날 때 아이의 입장에서는 동의할 수 없는 부분이다. 왜냐하면 시합에서 나쁜 성적을 바라는 선수는 없기 때문이다. 부모는 좋은 점수든 나쁜 점수든 자기 능력만큼 최선을 다한 결과로 이해해야 한다. 시합에서 좋지 않은 성적은 혼날 일이 아니고 위로받아야 하는 일이다.

　둘째로 잘못된 행동을 했을 때는 행동 그 자체를 혼내야 한다. 이 말은 인격 혹은 아이의 존재가치를 비판해서는 안 된다는 이야기이다. 가령 집중하지 못하는 아이에게 '너는 왜 애가 그 모양이냐? 넌 도대체 뭐가 되려고 그러냐?'라고 하면, 그것은 행동에 대한 비판이 아니고 인격 자체에 대한 비판이다. 또는 열심히 하지 않는 아이에게 '너한테 들어간 돈이 얼마인 줄 알아? 그런 식으로 할 거면 골프 하지 마!'라고 한다면 이 역시 행동에 대한 비판이 아니고 존재가치에 대한 비판이다. 자신에게 돈 쓰는 것을 아까워하는 부모의 생각이 확인될 때, 자신은 돈보다 못한 존재로 인식된다. 아이는 '그럴 거면 왜 나한테 골프를 시켰어'라는 말을 하고 싶다.

셋째로 다른 사람들과 비교하면서 혼을 내서는 안 된다. 가령 '누구는 벌써 70대를 친다던데 너는 도대체 언제 치는 거냐', '누구는 그렇게 잘한다던데 너는 도대체 연습을 하는 거냐 마는 거냐.' 이렇게 비교와 함께 아이를 질책한다면 아이는 열등감을 가지면서 스트레스를 받는다. 남과 비교하면서 혼내는 것이 좋지 않은 이유는 이미 인격과 재능에 대한 무시가 내포되어 있기 때문이다. 마지막 넷째로 혼내는 것 자체를 수단으로 삼으면 안 된다. 간혹 부모들은 아이가 특별한 잘못을 하지 않았음에도 불구하고 괜스레 긁어 부스럼을 만들어 혼내는 경우가 있다. 자녀와 상관없는 스트레스 때문일 수도 있고, 기분에 따라 혼내기도 한다. 그 순간 아이는 그저 감정 소모의 대상일 뿐이고 아이의 자존감만 해친다. 아이의 올바른 성장을 위해서는 칭찬도 필요하고 제재도 필요하다. 사실 어느 부모도 이것을 완벽하게 해낼 수는 없다. 다만 좋은 부모가 되고자 한다면, 왜 이런 방법이 필요한지를 알아야 하고, 좋은 부모가 되는 것에도 완벽은 없지만 늘 노력하는 과정으로 이해해야 한다.

9. 골프 멘탈에 관심 갖기

골프선수를 자녀로 둔 부모가 나에게 하소연한다. "그렇게 열심히 하면서 노력하는 아이인데, 언더파로 잘 가다가 왜 자꾸 보기를 하고 더블보기를 하는지 모르겠어요. 구력이 10년이 다 되어 가는데 성적 기복이 왜 그렇게 심한지, 계속 골프를 시키는 것이 맞는 것인지도 잘 모르겠습니다. 이제는 몸도 지치고 마음도 지치고 아이한테 어떻게 해줘야 할지 모르겠어요." 기대한 만큼 성과가 없고, 프로가 못되고, 정회원이 못되면 선수와 부모는 절망감에 빠진다. 그리고 그간에 쏟아부은 시간과 돈, 노력한 만큼 상처받는다. 인내심의 한계에 다다른 부모들은 답답한 마음에 선수를 채근한다. '왜 그게 안 되냐', '시합만 가면 도대체 왜 그러냐', '정신을 바짝 차리고 해라' 등등. 하지만 여전히 선수의 시합 성적은 나아질 기미가 보이지 않고, 부모와 선수의 사이는 멀어져만 간다. 결국 선수 생활을 끝내야 할지 진지한 고민에 들어간다. 이는 성공하지 못한 대부분의 선수가 겪는 수순이다.

왜 그렇게 골프가 안 되는가? 도대체 무엇이 문제인가? 구력이 얼마 되지 않은 선수들과 부모들은 스윙이 좀 더 완벽해지면, 구력이 좀 더 쌓이면, 시합 경험을 좀 더 가지면, 연습을 좀 더 많이 하면 언젠가 좋은 성적이 나올 것이라 기대한다. 하지만 이것은 보통의 선수들, 평범한 부모들이 갖는 생각이다. 골프의 험난한 길을 미처 경험해보지 못한 사람들의 짧은 생각이다. 선수의 구력이 쌓이면서 부모들도 골프의 쓴맛을 간접 체험하기 시작한다. 한해 한해 보내면서 아이의 성적이 나아지는 듯하지만 제자리에 있고, 연습을 좀 많이 시키면 좋아지는 듯하다가 다시 돌아오고, 새로운 레슨을 받게 해주면 조금 반짝하고 만다. 좋다고 하는 지도자들을 죄다 쫓아다녀도 그때뿐이다. 해가 지날수록 실력이 늘

어야 하는데 오히려 거꾸로 가는 신기한 경험을 한다. 다른 아이들은 모두 잘하는 것처럼 보이는데 왜 내 아이는 제자리걸음을 하는지 의아하다. 이렇게 해도 안 되고 저렇게 해도 안 되고, 그간 들어간 시간과 비용을 생각하면 머리가 아프다. 그리고 앞으로 어떻게 해야 할지를 생각하면 막막할 뿐이다.

어느 대기업 회장이 세상에서 마음대로 되지 않는 일 두 가지는 골프와 자식 키우는 일이라고 했다. 그렇다면 가장 힘든 일은 골프 치는 자식을 키우는 일일 것이다. 골프선수 부모는 세상에서 가장 어려운 일을 하는 중이다. 갖은 경험 속에 아이의 구력이 10년 정도 되면 부모들은 '골프에는 뭔가 있는 것 같다'라고 이야기한다. 그 '뭔가'가 무엇일까? 연습도 아니고, 레슨도 아니고, 지도자도 아니고, 구력도 아니고, 라운드 경험도 아니다. 부모들은 이런 것이 골프를 잘하게 해주는 게 아님을 그제야 느낀다. 그 '뭔가'는 바로 골프에 필요한 '멘탈'이다. 하지만 멘탈을 이야기하면 부모들은 애써 무시하려 든다. 이들이 하는 말은 '멘탈은 연습이 해결해준다', '멘탈은 스스로 알아서 만드는 것이다', '스윙이 완벽하면 멘탈은 따라온다', '멘탈이 뭐가 그리 중요하냐, 공만 잘 치면 된다.' 등 참으로 무지한 말들이다.

모든 스포츠의 경기력 구성 요소는 기술, 체력, 심리이다. 골프도 예외는 아니다. 기술은 말할 것도 없이 기본적으로 애쓰는 영역이다. 체력적인 측면은 예전에는 종종 무시되었지만, 요즘은 많은 선수가 의무적으로 트레이너와 함께한다. 마지막으로 멘탈과 심리의 영역에서는 그래도 예전보다는 나아지는 추세에 있지만 아직은 의무적으로 교육을 받아야 한다고는 생각하지 않는다. 설령 교육을 받는다 하더라도 골프에만 특화된 골프전문 멘탈코치로부터 교육받는 경우는 드물다. 일반적인 스포츠 심리상담은 골프에만 특화된 멘탈의 영역에 접근하지 못한다. 간혹 스포츠 심리상담을 받는 선수 중에는 '골프에 대해서 저보다도 모르는 것 같아요'라며 상담사를 외면하는 경우도 있다.

골프는 멘탈게임이라는 말을 들어보았는가? 다른 스포츠보다 멘탈적인 측면이 경기의 결과에 큰 영향을 미치기 때문에 멘탈게임이라고 부른다. 스포츠 종목 중에서 나이가 많은 사람들이 잘할 수 있는 종목이 바로 멘탈게임이라 할 수 있다. 양궁, 사격, 당구 등이 이에 해당한다. 최근 최경주 선수가 만 54세(실제 나이는 만 56세)로 SK텔레콤오픈에서 KPGA 역대 최고령 우승 기록을 갈아치웠다. 이뿐만 아니라 노장의 활약은 어느 투어에서나 쉽게 찾아볼 수 있다. 미국의 필 미켈슨은 만 51세에 PGA챔피언십(2021년)에서 우승했고, 잭 니클라우스는 만 46세에 마스터스(1986년)에서 우승했다. 비록 연장전에서 패했지만, 톰 왓슨은 디 오픈(2009년)에서 공동 1위에 올랐다. 이들은 혈기 왕성한 20~30대 선수를 모두 이겼다.

골프에서 이런 경우가 가능한 이유는 신체적인 경쟁보다 멘탈적인 경쟁이 더 중요하기 때문이다. 세계적인 골프선수 중에는 멘탈의 중요성을 이야기하지 않는 선수가 없다. 그럼에도 불구하고 선수와 부모들은 멘탈에 관심을 두지 않는다. 그 이유를 생각해보자면 멘탈은 실체도 없고 눈에 보이지 않기 때문이다. 실체도 없는 것에 돈을 투자하는 것이 아깝다고 생각할 수 있고, 완벽한 스윙이 우선되어야 한다는 생각도 한몫하고 있을지도 모른다. 골프에 들어가는 돈이 워낙 많기 때문에 멘탈에 대한 투자는 뒷전이다. 대한민국 골프선수와 부모는 아이러니하게도 골프에서 가장 중요한 멘탈을 가장 등한시한다.

골프에서의 자신감은 매우 중요하다. 자신감이 있어야 실수를 두려워하지 않고 샷할 수 있고, 실수하더라도 대수롭지 않게 넘길 수 있다. 자신감이 있어야 다른 누구에게도 주눅 들지 않고, 대범하게 플레이할 수 있다. 그리고 집중력 있는 플레이를 가능하게 하고 골프 자체를 즐길 수 있다. 골프선수는 스윙에 관해 고민하는 만큼 자신감에 대한 고민이 있어야 하고, 연습량만큼이나 자존감을 위해 노력해야 한다. 완벽한 스윙이 욕심이 날 때 타깃에 집중하는 골프에 관심을 가져야 하고, 스윙 동작에 얽매이는 자신을 발견하면 무의식적 스윙을 시도해야 한다. 간혹 '좋은 기술, 좋은 스윙을 가지게 되면 자신감이 붙지 않겠느냐'고 반문을 하는 사람이 있다. 만약 이 논리가 맞는다면 좋은 스윙을 가진 선수들은 모두 자신감을 가지고 좋은 성적을 내야 마땅하다. 하지만 시합장의 현실은 그렇지 않다. 오히려 우스꽝스러운 스윙으로 우승하는 선수도 있다. 대표적으로 KPGA에 낚시꾼 스윙으로 유명한 최호성 선수이다. 그는 프로 통산 10승을 기록 중이다.

최근에 20대 중반의 프로선수가 상담실을 찾았다. 이 선수가 하는 말이 스윙에서 할 수 있는 부분은 모두 해보았다고 한다. 그리고 가는 곳마다 스윙에는 문제가 없다는 말을 들었다. 실제로 스윙을 보니 군더더기 하나 없었다. 그동안 멘탈에 대해서는 무관심했다고 한다. 멘탈은 스윙만 좋으면 따라올 것으로 생각했지만 수년 동안 노력한 결과 성적 기복을 피할 수 없었다. 마음의 상처는 깊어졌고 골프를 잠시 그만두었다. 2년 정도 다른 일을 하다가 다시 골프를 해보기로 마음먹었다. 열심히 해보았지만, 결과는 마찬가지였다. 이 선수는 그제야 자신의 머리를 의심했다. 그리고 멘탈 서적을 찾았고, 저자인 나를 찾아왔다. 그리고 코칭 3개월 만에 골프의 신세계를 맛보며 희망찬 마음으로 시합에 출전하고 있다. 이 선수는 '이제는 골프의 멘탈적인 측면만 노력해야겠다'는 말을 한다.

선수들과 부모들이 분명하게 알아 두어야 할 것은 경기력의 3요소를 위한 균등한 노력이 있어야 한다는 점이다. 입문 초기 구력 2~3년 차까지는 기술을 위한 시간이 더 필요하다. 하지만 구력 4~5년이 넘어가거나 70대 타수를 치기 시작하면 멘탈의 영역에서 노력해야 한다. 특히 언더파에서 80대까지 성적 기복이 큰 선수들은 멘탈적인 노력이 필수다. 골프는 투자 대비 성과가 즉각적으로 나오는 운동이 아니다. 성미 급한 부모들에게 골프는 참으로 견디기 어려운 기다림이다. 골프는 100m 경기가 아니고 마라톤이다. 100m 경기는 초반부터 끝까지 전력을 다해야 하지만 마라톤은 체력 분배를 잘해야 한다. 초반에 섣부르게 치고 나가다간 반도 못 가서 포기하게 된다. 부모가 골프 멘탈에 대한 지식이 없으면 선수로 하여금 초반부터 전력을 다하게 만든다. 우리나라 골프선수들의 선수 생명이 짧은 이유가 여기에 있다. 우리나라의 여자 프로선수들은 20대 후반만 되면 노장 소리를 듣는다. 이게 말이 되는가? 40대, 50대가 되어서도 여전히 선수 생활을 해나가는 해외 선수들과는 대조적이다. 성공을 위한 부모의 조언이 오히려 방해된다면 이 얼마나 안타까운 일인가? 부모들이 골프 멘탈에 관심을 가져야 하는 이유다.

10. 자존감, 나부터 돌아보기

임성재 선수가 PGA투어에서 첫 우승을 했을 때의 일이다. 나는 임성재 선수와 관련한 글을 블로그에 게시했다. 어린 선수가 세계적인 무대에서 우승했으니 주목할 만한 성과임이 틀림없다. 블로그에 날마다 임성재 선수를 키워드로 유입되는 사람이 나타났다(블로그 주인은 검색 키워드를 확인할 수 있다). 그런데 날마다 눈에 띄는 키워드는 '임성재 선수 코치'였다. 도대체 어떤 지도자가 가르쳤을까? 부모는 지도자가 궁금할 만하다.

사실 투어에서 새로운 우승자가 나타나면 사람들의 관심이 지도자에게도 쏠린다. 해당 지도자는 배우겠다고 몰려드는 선수들로 행복한 고민을 한다. 하지만 뛰어난 선수의 경기력이 과연 지도자를 잘 만난 것 그 이유 하나뿐인가? 물론 지도자를 잘 만나야 하는 것은 부정할 수 없는 사실이지만, 좋은 지도자를 만나기 전에 해결되어야 할 일이 있다. 지도자들 사이에서도 '선수를 잘 만나야 한다'는 이야기를 종종 한다. 이는 아무리 훌륭한 지도자라 할지라도 지도 과정에서 자기 능력 밖의 일이 있음을 뜻한다. 또한 아무리 훌륭한 지도자라 할지라도 제자들을 모조리 우승시키고 성공시킬 수는 없다. 선수 각자의 이유와 조건도 있겠으나 여러 부분에서 선수와 코치의 궁합이 맞아떨어져야 한다.

좋다고 하는 지도자를 순회해도 실력이 좀처럼 늘지 않는 선수들이 있다. 무엇이 문제인지 몰라 선수도 부모도 답답한 시간을 보낸다. 그사이 어떤 부모는 열심히 하지 않는 선수를 탓하며 선수와의 관계만 악화시킨다. 선수의 스트레스는 커지고 골프에 대한 흥미는 점점 떨어진다. 이런저런 방법을 다 써봐도, 코치를 바꾸는 것으로 해결이 안 된다면 그것은 선수의 멘탈 문제이고, 이에 따라 선수를 대하는 부모 자신의 태도를 점검해야 한다. 우선 좋은 지도자를 찾기 전에 부모·자식 간의 문제는 없는지, 부모 자신에게는 문제가 없는지 돌아봐야 한다. 이런 문제가 해결이 된 다음, 비로소 좋은 코치가 필요하다.

이 문제를 해결하기 위해서는 선수도 부모도 각자의 자존감을 살펴봐야 한다. 나는 코칭을 시작하기 전 선수뿐만 아니라 부모의 자존감도 측정한다. 그리고 부모·자식 간의 소통이 잘 되고 있는지 상호 교차 설문을 통해 측정한다. 처음엔 부모까지 이런 걸 해야 하나 의아해하는 사람들이 있다. 하지만 이 시간을 통해 부모 역시 그간 살아오면서 한 번도 시도해보지 않은 마음의 점검을 해본다. 선수와 부모 사이에 어디서 의견충돌이 있는지, 어떤 부분에서 다른 생각인지 추적할 수 있다. 이는 선수의 멘탈 개선을 위한 단서가 된다. 나는 골프 멘탈의 뿌리를 골프와 상관없는 생활 속의 자존감에서 찾는다. 대부분의 정신적인 문제는 낮은 자존감에서 비롯되기 때문이다. 이 글을 읽는 부모들도 자존감에 관한 공부와 함께 자신의 마음을 점검해보자.

자존감은 자신을 사랑하는 마음, 존중하는 마음이다. 이런 마음에서 무엇이든 해낼 수 있다는 자신감을 가질 수 있다. 자존감은 나 자신을 긍정적으로 생각할 수 있느냐, 나의 존재가치를 귀히 여길 수 있느냐의 문제이다. 자존감은 무슨 일을 하든 삶에서 성공할 수 있느냐의 문제를 판가름낼 수 있는 마음의 엔진이다. 특히 아이의 자존감은 하얀 도화지에 비유할 수 있다. 도화지에 어떤 그림이 그려질지 모르지만, 어른들은 이것이 구겨지거나 더럽히지 않도록 소중히 다뤄야 한다. 그러면 아이들이 밑그림을 그리고, 자신만의 색깔을 입혀나간다. 하지만 어른들의 실수로 도화지를 망가뜨린다면 아이들은 밑그림도 그릴 수도 없고 색깔도 입힐 수도 없게 된다. 그러면 무엇을 어떻게 그려야 할지 혼란스러워하면서 방황한다.

자존감이 낮은 선수는 미스샷에 자신을 탓하고, 골프선수로서 성공할 수 있을까를 의심한다. 또한 부정적인 자기 이미지로 인해 자기에게 고칠 점이 많다고 생각하며, 타인의 시선에 민감하다. 무엇보다도 감각에 집중하는 골프를 하기보다 동작의 완벽을 추구하기 쉽다. 이는 연습을 많이 한다 해도 자신감을 갖기 어려운 심리구조이다. 여기에 부모의 태도가 중요하다. 미스샷에 괜찮다고 격려해주는 부모가 있는 반면, 자주 질책하는 부모가 있다. 또한 성적으로 혼내는 부모가 있는 반면, 그렇지 않은 부모도 있다. 쉴 틈을 안 주고 '열심히'를 강조하는 부모가 있는 반면, 그렇지 않은 부모도 있다. 또 어떤 부모는 하나부터 열까지 챙겨야 맘이 편하고 또 어떤 부모는 스스로 하도록 내버려 둔다. 부모들은 왜 이렇게 상반된 태도를 보이는가?

부모 행동의 차이는 자존감 수준에 따라 나온다. 높은 자존감을 가진 부모는 포용과 이해, 공감과 존중하는 마음이 커서 아이에게 불필요한 스트레스를 주지 않는다. 그리고 성적에 대해 조급하지 않고 기다리는 마음을 갖는다. 이렇게 여유 있는 마음을 가질 수 있는 이유는 부모 마음에 골프 성적보다 아이의 행복한 마음이 우위에 있기 때문이다. 이런 부모 밑에 자란 아이는 부정적인 자극보다는 긍정적인 자극을 더 많이 받아 마음이 행복하다.

반면 낮은 자존감을 가진 부모는 아이가 한없이 부족해 보인다. 모든 일에 간섭하고 싶고, 좋지 않은 성적, 미스샷을 연발하는 아이의 골프가 못마땅하다. 남들 보기에 창피함도 느낀다. 혼내서라도 '열심히'를 강요하고 싶고 아이가 골프에만 몰입해서 완벽해지기를 바란다. 이렇게 조급한 마음을 갖는 이유는 부모 역시 부정적인 자기 이미지로 인해 아이의 장점보다 단점을 먼저 찾는 심리구조를 가졌기 때문이다. 부모 마음에 아이의 행복한 마음보다 골프 성적이 우위에 있다. 이런 부모 밑에 자란 아이는 긍정적인 자극보다 부정적인 자극을 더 많이 받아 우울해지기 쉽다.

아이가 행복한 골프선수가 되기 위해서는 우선 부모가 행복해야 한다. 이를 위해 자존감 있는 사람이 되어야 한다. 부모가 높은 자존감을 가지고 있다면 아이에게도 높은 자존감을 물려줄 것이고, 낮은 자존감을 가지고 있다면 낮은 자존감을 물려주게 된다. 낮은 자존감이 확인된다면 왜 그런 마음이 되었는지 한 번쯤은 생각해봐야 하며, 부모 역시 자존감 향상을 위해 애써야 한다. 이는 자신의 행복은 물론 아이의 행복을 위한 일이다. 다음은 자존감을 확인할 수 있는 질문이다. 부모도 자존감 회복을 위해 고민하는 시간을 가져보자.

1) 나는 행복한 사람인가?

자존감이 낮은 사람은 행복감보다는 우울감이 더 크다. 타인의 시선, 외부에 민감한 마음은 방어를 위한 불필요한 에너지를 쓰게 되고, 스트레스에 취약해진다. 인간관계도 원만하지 않아서 사람 만나기를 어려워하고 세상 살아가는 것을 힘겨워한다. 행복을 위해서는 남 신경 쓰지 말고 자신의 내면에 귀 기울이며 자신의 욕구를 채우는 삶을 살아야 한다. 그래야 행복해진다.

2) 나는 나 자신에 만족하는가?

자존감이 낮은 사람은 자신에게 불만이 많다. 성격도 외모도 불만이다. 자신을 둘러싼 조건과 환경에 불만스러운 것들이 많다. 신세 한탄을 자주 하면서 좋은 조건을 물려주지 못한 부모를 탓하고, 남 탓을 많이 한다. 그리고 좋은 조건을 가지고 있는 사람들을 부러워하고 동경한다. 삶의 에너지는 자신의 능력을 발휘하기 위해 쓰이지 않고 마음에 들지 않는 자신을 바꾸기 위해 쓰인다. 자존감은 있는 그대로 자신의 모습을 인정하는 마음에서 시작된다.

3) 나는 장점이 많은 사람인가?

자존감이 낮은 사람은 자신의 장점을 인식하지 못한다. 왜냐하면 자신에 대한 부정적인 이미지로 인해 장점은 가려지고 단점만 보이기 때문이다. 그리고 삶은 그 단점을 보완하기 위한 노력으로 채워진다. 때로는 완벽주의 성향과 함께 실수를 용납하지 못하는 사람이 되기도 한다. 겉으로는 참 열심히 사는 것처럼 보이지만 성과는 미미하고 마음은 늘 힘들다. 세상 모든 일에는 양면성이 있으므로 단점을 장점으로 해석하는 시도를 해보자.

4) 나는 쓸모 있는 사람인가?

자존감이 낮은 사람은 자신에 대한 가치를 저평가한다. 하는 일마다 잘 안되는 것 같고 실패를 거듭하다 보니 자신이 무능한 사람으로 보인다. 새로운 일을 만나면 겁부터 나고 실패를 걱정하는 마음이 앞선다. 일이 잘 안되면 자신의 무능을 탓하고 급기야 자신을 아무짝에도 쓸모없는 인간이라고 여긴다. 이런 마음이 든다면 능력과 상관없는 마음의 문제임을 먼저 인식해야 한다.

5) 나는 사랑받는 사람인가?

자존감이 낮은 사람은 자신을 인기 없는 사람, 누구도 자신을 좋아하지 않을 것이라 생각하기 쉽다. 자신을 부정적으로 생각하는 마음, 자신에 대해 불만이 많은 사람은 '이런 나를 누가 좋아하겠는가?'라고 생각하면서 다른 사람들 역시 자신에게 부정적일 것이라 생각한다. 이런 사람들이 인간관계를 어려워한다. 자신에 대한 긍정적인 마음이 커질 때 사람들 만나는 것을 두려워하지 않으며 사람 만나는 것을 즐긴다. 특히 사람을 새로 사귀는 일에 주저하지 않는다.

6) 나는 솔직한 사람인가?

자존감이 낮은 사람은 솔직하지 못한 경향이 있다. 이런 사람들은 자신의 무능과 단점을 숨기기 위해 거짓말을 하고, 과장과 허풍을 일삼는다. 핑계와 변명이 많아지며 자기합리화가 많다. 이런 성향이 만들어지는 이유는 무능하고 부족한 점이 많은 자신이 만천하에 드러나는 것이 두렵기 때문이다. 남들과 다른 자신의 개성을 인정하고 '나답게' 사는 삶을 추구해보자. 이것이 솔직한 삶이다.

7) 나는 할 말을 하고 사는 사람인가?

자존감이 낮은 사람은 의사 표현과 감정표현에 주저한다. 자기 말에 '나를 비난하면 어떡하나?', '비웃으면 어떡하나?', '안 좋게 생각하면 어떡하나?' 혹은 '내가 화를 내면 관계가 멀어지지는 않을까?'와 같이 불필요한 걱정 때문에 자기표현에 두려움을 갖는다. 모두 자신을 부정적으로 바라보는 무의식 때문이다. 웃는 모습으로 자신의 감정을 속이지 말고, 미움받을 용기를 가지고 당당하게 자신을 표현해보자.

8) 나는 도전하는 사람인가?

자존감이 낮은 사람은 도전을 망설인다. 자신에 대한 믿음이 없기에 무엇을 하더라도 성공할 것 같은 느낌을 갖지 못한다. 어떤 일을 시작해도 실패할 것 같은 생각이 앞서 소극적인 태도를 보인다. 새로운 일, 변화하는 일을 꺼리게 되고 익숙한 일을 고집한다. 그러니 '나라고 못 할 것이 있나'라는 생각으로 끈질긴 도전을 감행해보자.

9) 나는 능동적인 사람인가?

자존감이 낮은 사람은 수동적인 태도를 보이는 경향이 있다. 자신이 주도적으로 일을 벌이기보다 다른 사람의 지시에 움직이는 것을 선호한다. 이는 스스로 해낼 수 있다는 마음이 부족하고 결과에 대한 책임이 두렵기 때문이다. 이에 따라 의존성이 커지고 우유부단한 성격이 되기 쉽다. 이러한 마음에서는 자신이 원하는 일을 선택하지도 못할뿐더러 자신의 잠재력을 끌어내지도 못한다. 자기 일은 자신이 결정하는 습관을 가져보자.

10) 나의 자존감은 부모로부터 대물림받은 것은 아닌가?

부모로부터 폭력과 욕설을 많이 받았던 사람은 사랑받지 못하는 사람, 자신에게 불만이 많은 사람이 되기 쉽고, 부모로부터 질책과 지적질을 많이 받았던 사람은 쓸모없는 사람, 단점이 많은 사람, 자신을 탓하는 사람이 되기 쉽다. 부모로부터 남들과 비교하는 말을 많이 들었던 사람은 다른 사람들의 시선이 부담스럽고 다른 사람들을 부러워하는 마음을 가지기 쉽고, 부모로부터 간섭과 구속을 많이 받았던 사람은 수동적인 사람이 되기 쉽다. 부모로부터 눈물을 흘린다고 혼나고 성질낸다고 혼났던 사람은 감정표현에 미숙한 사람이 되기 쉽고, 부모로부터 무시를 많이 받아온 사람은 의사 표현에 미숙한 사람이 되기 쉽다. 나는 내 부모로부터 어떤 교육을 받았는가? 생각해보자.

어릴 적 나처럼

아이를 자꾸 혼내고 싶은가요?

엄마 자신이 누군가로부터

혼나면서 자라지는 않았는지 돌아보세요.

아이를 자꾸 때리고 싶은가요?

아빠 자신이 누군가로부터

맞으면서 크지는 않았는지 생각해보세요.

아이들을 자꾸 의심하고 싶은가요?

엄마 자신이 누군가로부터

의심을 받으면서 자라지는 않았는지 기억해보세요.

아이에게 자꾸 욕하고 싶은가요?

아빠 자신이 누군가로부터

욕을 듣고 크지는 않았는지 돌아보세요.

아이를 완벽하게 키우고 싶은가요?

엄마 자신이 누군가로부터

완벽을 강요당하면서 자라지는 않았는지 생각해보세요.

아이를 빠릿빠릿하게 키우고 싶은가요?

아빠 자신이 누군가로부터

느리다고 지적받으면서 크지는 않았는지 기억해보세요.

만약 나 자신도

내 어머니로부터 그렇게 당했다면,

이제는 '내 잘못이 아니었어'라고 인정해주세요.

만약 나 자신도

내 아버지로부터 그렇게 당했다면,

이제는 '괜찮아'라고 위로해주세요.

지금의 내 아이도 어릴 적 나처럼

마음속으로 억울해하면서

가슴속으로 슬퍼하면서

영문도 모른 채 당하고 있을지도 모릅니다.

제 5 장

부모님 Q/A

연습을 열심히 하는데 성적이 정체되어 있는데 어떻게 해야 할까요?
연습과 시합 때의 성적이 너무 다른데 어떻게 해야 할까요?
열정이 없는 아이 도대체 어떻게 가르쳐야 할까요?
알쏭달쏭한 골프, 어디에 물어봐도 속 시원한 답변을 들을 수 없다.
여기에 그 질문과 답변을 모아보았다.

1. 연습을 열심히 하는데 성적이 정체되어 있습니다

〈부모님 질문〉

프로님 글을 잘 보고 있습니다. 저 또한 많은 것을 돌아보게 하는군요. 저는 올해 경력 5년 차 접어드는 아들을 둔 아빠입니다. 중학교 때 우연한 기회에 골프를 시작했습니다. 아들이 하고 싶다며 선택한 일이었습니다. 그때 저도 골프에 대해 전혀 몰랐던 때였고요. 원래 운동을 좋아하는 아들이라 힘들어도 열심히 했습니다. 배운 지 7개월 때 첫 중고연맹 대회에서 83타를 기록했습니다. 그렇게 대회에 참가하면서 성적도 나아지고, 자신감이 많이 생겼습니다. 그리고 1년 차쯤에 첫 언더파를 치더군요. 주위에서 칭찬하니 아들의 자신감이 높아졌고, 저 또한 아들에 대해 기대가 커졌습니다.

그렇게 고등학교 진학 후 2학년 때까지 예선 통과를 할 정도로 실력이 올라왔습니다. 이때부터 아들에 대한 저의 태도가 전과 다르게 변한 것 같습니다. 성적에 집착하게 되니까 좀 더 아이를 나무라게 되었습니다. 아들도 이때부터 점수에 신경 쓰는 것 같고, 화도 많아졌습니다. 고3 하반기부터 프로 테스트에 출전했는데 중고연맹 때 항상 치던 코스에서 말도 안 되는 타수를 기록하면서 계속 예선 통과를 하지 못했습니다. 중고연맹 때는 예선 통과를 쉽게 하던 곳인데 말이죠. 테스트에 대한 부담감 때문인지 더욱 힘들어지더라고요. 그렇다고 연습을 안 하는 아이도 아닙니다. 자기 목표가 뚜렷한 아이라 쉬지도 않고 연습했습니다. '왜 안 되는지 모르겠다'며 오히려 저한테 푸념까지 하더군요.

아이가 너무 스트레스를 받는 것 같아 쉬게도 해보고 환경도 바꾸어 보았습니다. 하지만 변하지 않더군요. 도대체 아들의 문제점이 무엇일까요? 갑자기 저렇게 안 될 수도 있을까요? 현재 프로 테스트를 5번째 보고 있습니다. 이제 나이도 있어 군대도 가야 하는데 계속 이렇게 두고만 봐야 할지 가슴이 답답합니다. 주위에 친구, 후배들이 모두 프로 자격을 취득한 상태라 아들이 더욱 스트레스를 받는 눈치입니다. 중고연맹 때 자기보다 못하던 친구들이 모두 프로가 되었거든요. 아버지로서 지금 어떻게 해줘야 할지 또 입대를 앞둔 시점에서 어떤 판단을 내려야 할지 고민입니다. 현재 아들 생각은 군대 가기 전에 프로 자격은 취득하겠답니다. 아들을 볼 때마다 너무 안타깝습니다. 좀 더 잘 이끌어주지 못한 것이 후회스럽고 너무 힘드네요.

〈답변〉

사연은 잘 읽었습니다. 골프의 종목 특성을 제대로 이해하지 못해 선수가 자신감을 얻지 못한 전형적인 사례입니다. 멘탈게임을 잘 못 한 것이죠. 부모님이나 선수나 골프에 대한 관점을 바꾸지 못한다면 아마도 아이는 프로 입문에 힘들어하고, 입문한다 해도 더 이상의 발전을 기대하기는 어렵습니다. 하지만 더 큰 문제는 따로 있습니다. 자신이 전력을 다했던 노력에도 불구하고 실패했다는 경험은 자칫 앞으로 펼쳐질 삶 전체에 대한 자신감을 저하시킬 수 있습니다.

골프를 처음 시작할 당시에는 '잘해야 한다'라는 부담이 없습니다. 하지만 시간이 지나면서 실패를 겪고, 더 높은 목표를 가질 때 다른 한편으로는 부담감이 시작됩니다. 이때 어떤 방향으로 노력하느냐가 중요합니다. 단순히 완벽한 스윙을 추구하는 연습만 한다면, 아무리 구력이 오래되어도, 아무리 열심히 하더라도 좋은 성적을 유지할 수 없습니다. 마음의 상처는 오히려 더 깊어만 갑니다. 아이는 현재 악순환에 들어와 있습니다. 성적이 점점 안 좋아지면서 이를 만회하기 위한 스윙 집착, 실수에 대한 두려움, 이로 인한 미스샷의 되풀이, 다시 '열심히'

를 다짐하지만 노력한 만큼의 결과를 얻지 못합니다.

우선 정서적으로 안정되어 있는지를 체크한 후 골프하는 방식을 살펴봐야 합니다. 악순환에 빠진 선수는 대부분 스윙 동작에 집착하면서 타깃에 집중하는 골프를 하지 못합니다. 골프는 타깃으로 공을 보내는 게임이지 스윙을 완벽하게 만드는 게임이 아닙니다. 타깃 집중은 골프에서 가장 중요한 감각적인 요소입니다. 선수로서 성공하려면 타깃에 의해 반사적이고 본능적으로 이끌리는 샷이 몸에 배어 있어야 합니다. 현재 프로가 되고 안 되고가 중요한 것이 아니라 진짜 자신감을 가질 수 있느냐가 중요합니다. 진짜 자신감을 가지면 모든 것이 따라옵니다.

쉬지 않고 연습하는 태도는 보기에는 좋아 보일지라도 실상은 자신감이 없기 때문입니다. 자신감이 있는 선수는 편안한 마음으로 쉴 수 있습니다. 그렇지 않다면 그만큼 불안감이 있다는 뜻입니다. 이 불안감이 바로 자기도 알 수 없는 미스샷을 만듭니다. 군대 문제는 아이의 의견을 따르는 것이 좋습니다. 자신의 중요한 문제는 스스로 판단하는 것이 바람직합니다. 다만 의견을 드리자면 자신감이 낮은 상태에서는 군 생활도 의욕적이지 않을 수 있기 때문에 자신감을 조금이나마 회복한 후 입대하는 것이 좋을 듯합니다.

2. 열정이 없는 아이, 도대체 어떻게 가르쳐야 할까요?

<부모님 질문>

안녕하세요. 저희 아들이 골프 시작한 지 2년 되었네요. 현재 중1입니다. 아카데미에 다니고 있는데, 도통 골프에 대한 열정이 없는 것 같아요. 그만두라고 하면 또 하고 싶다고 말하고, 연습장에서만 열심히 하는 듯하고, 시합 나가면 성적은 저조합니다. 제가 자꾸 주입식으로 해서 그런 건지, 퍼팅연습을 하라 해도 잠깐뿐이고, 하는 척만 하는 것 같고, 집중해서 파고드는 맛이 없습니다. 도대체 어떤 식으로 교육해야 할까요? 깊은 조언 부탁드립니다. 현재 80대 초중반 성적을 기록하고 있습니다.

<답변>

정확한 진단을 위해서는 아이와 부모님을 상담한 후 아이가 골프하는 모습을 직접 봐야 합니다. 여기에서는 그 가능성만 짚어보겠습니다. 첫 번째는 아이의 심리 상황과 상관없이 그 나이는 친구들과 노는 것이 더 좋을 때입니다. 무조건 연습을 강요하기보다는 친구들하고 노는 시간을 인정해주고, 부모님께서 그 균형을 잘 맞춰주어야 합니다. 아이가 놀이를 통해 욕구가 충족되면, 골프를 할 때 한층 더 집중할 수 있습니다. 반대로 욕구 불만 상태라면 마음이 안정되지 않아 무엇에도 집중하기 어렵습니다. 연습에 의욕이 없다고 무조건 혼낼 일은 아닙니다. 특히 열정이 부족해 보이는 중1 아이라면 골프를 놀이로 하도록 해야 합니다. 무턱대고 연습량만 늘리는 것보다 연습장에서도 게임의 형태로 흥미를 동반한 훈련이 좋습니다. 또한 라운드를 자주 나가서 골프 본연의 재미를 느끼게 하

는 것도 좋습니다. 자칫 부모님들은 들어가는 금전적인 부분 때문에 놀이 이상의 부담을 주면서 성적에 대한 압박을 가하고, 아이의 심리 상황을 고려하지 않은 채 무조건 '열심히'를 강요하게 됩니다. 그러면 골프에 대한 흥미는 떨어집니다. 골프의 본래 속성은 '놀이'임을 잊지 말아야 합니다.

두 번째는 자존감의 수준에 따라 동기가 달라집니다. 자존감이 낮으면 매 순간 자신이 무엇에 집중해야 하는지 깨닫지 못합니다. 그러면 자신의 역할에 충실하지 못하고 골프에도 집중하지 못합니다. 꿈을 향해 노력하는 선수로서 성장하지 못하게 됩니다. 결국 다른 흥밋거리에만 관심을 두고 아카데미에서 겉도는 선수가 됩니다. 아카데미에 이런 아이들이 많은 것이 현실입니다. 만약 아이의 자존감이 낮게 측정된다면, 부모님의 영향이 클 수 있습니다. 어떤 교육관이 아이의 자존감을 해쳤는지 상담이 필요합니다. 부모님 입장에서는 거북한 일이지만 아이를 위해서 한 번쯤 자신을 돌아봐야 합니다.

세 번째는 아이를 바라보는 기준입니다. 아버님께서는 현재 구력 2년에 80대 초중반의 기록을 저조하다고 판단하고 있습니다. 저의 기준으로 볼 때 그 정도는 보통의 수준입니다. 기준을 어떻게 잡고 있느냐에 따라 아이를 대하는 방식이 달라집니다. 만약 '구력 2년에 70대는 쳐야 한다'는 기준이라면 '왜 그것밖에 못 할까'라는 생각으로 아이의 재능을 탓하거나 불필요한 압박을 가하게 됩니다. 반면 '최소 3~4년은 쳐야 70대는 칠 수 있다'는 기준이라면, 지금의 아이 상태에 대해 좀 더 관대하게 바라볼 수 있습니다. 그러면 좀 더 기다리는 마음을 가질 수 있겠죠.

3. 연습과 시합 때의 성적이 너무 달라요, 후반에 자꾸 무너집니다

〈부모님 질문〉

프로님 안녕하셨어요? 일단 엄마인 제가 프로님 말씀에 항상 동기부여를 받습니다. 살아가는 데 있어 방향을 잡을 수 있어서 감사드립니다. 이미 저한테는 멘토가 되셨네요. 생각하는 힘을 길러야 하는 우리 아이도 프로님 말씀을 조금씩 이해하기를 바랍니다.

아이가 또래 다른 아이들보다 거리가 좀 나는 편입니다. 250m 정도에요. 스윙 폼도 좋다는 이야기를 많이 듣습니다. 그런데 연습경기 때는 경쟁하는 아이들과 같거나 잘하는 편인데 시합만 나가면 잘 안 됩니다. 이번에 처음으로 중등 시합에 나갔습니다. 비슷한 수준의 아이들은 모두 75타 이내로 쳤는데 우리 아이만 80대 타수를 기록했어요. 특히 후반으로 갈수록 무너집니다. 도대체 시합만 나가면 성적이 들쑥날쑥하니 조언을 어떻게 해줘야 할지 모르겠습니다. 연습할 때만 우승이라는 말이 나올 정도입니다. 참고로 초등 때는 60대 타수로 우승한 적이 있습니다. 다른 아이들도 들쑥날쑥하긴 하지만 우리 아이처럼 이렇게 차이가 나진 않더라고요.

올해로 구력 4년 차입니다. 다른 아이들은 시합이 잡히면 연습 라운드를 많이 하더라고요. 우리 아이는 반 정도입니다. 연습 라운드를 적게 시켜서 그런가 싶기도 하고요. 연습은 아카데미에서 하기 때문에 오전에 학교 수업을 마치고 5시간 정도 합니다. 시합 때 긴장을 많이 하는 편입니다. 역시 멘탈이 문제인 건가요?

〈답변〉

　구력 4년에 우승도 해보고, 60대 타수도 쳐보고 놀라운 기록이네요. 골프에 소질이 있는 것으로 보입니다. 연습 라운드 성적과 시합 성적에 차이가 있는 이유는 시합 라운드에 특별한 의미를 부여하기 때문입니다. 특별한 의미란 '잘해야 한다'는 생각과 함께 더 중요하게 여기는 마음을 말합니다. 사실 이때가 멘탈이 약해지는 상황입니다. 그러면 특별한 준비를 하게 됩니다. 마음가짐도 달라지고 행동도 달라집니다. 예를 들면, 시합 전에 더 많은 연습을 한다거나 반드시 레슨을 받아야 한다고 생각합니다. 혹은 평소에 하지 않던 클럽 손질 및 골프백 정리를 합니다. 그리고 컨디션 관리를 위해 외부 활동을 자제하거나 평소 하지 않던 행동을 합니다. 시합 당일에는 예쁜 옷을 골라 입고 특별히 새 장갑을 착용하기도 합니다. 혹은 미역국과 고기 등 특정 음식 안 먹기, 특정 번호의 공 안 치기, 특정 색깔의 옷 입지 않기 등 불필요한 징크스를 만듭니다.

　대부분 부모님은 시합이 다가오면 '시합이니까 이거 해라, 저거 해라, 이거 하지 마라, 저거 하지 마라', '시합인데 놀고 있을 때냐', '내일 시합인데 어딜 나가냐.' 하면서 오히려 부모님이 시합을 특별하게 만드는 실수를 범합니다. 얼핏 생각하기에 시합 때 '잘해야 한다'는 마음을 당연하게 생각할 수 있습니다. 하지만 그럴수록 선수는 불필요하게 신중해지고, 실수를 걱정하는 플레이를 하게 됩니다. 그리고 성적에 집착한 경기를 하면서 예민해집니다. 골프는 일상의 마음일 때 가장 잘할 수 있습니다. 이를 실천하려면 시합과 연습 라운드를 준비하는 행동 패턴이 동일해야 합니다. 선수를 대하는 부모님의 행동과 말도 달라져서는 안 됩니다. 그리고 부모님께서 해야 할 일은 아이가 성적이 좋지 않아도 '괜찮다, 즐겁게 했다면 엄마는 만족한다'와 같이 부담을 덜어주는 격려의 말을 건네는 것입니다. 이에 따라 선수는 시합에 대한 부담을 덜어 연습 성적과 시합 성적이 달라지지 않게 됩니다. 이것이 곧 '마음비움'입니다.

그리고 후반으로 갈수록 무너지는 이유는 성적에 집착한 경기를 하기 때문입니다. 후반에 남은 홀이 점점 줄어들면서 자신이 원하는 성적이 만들어지지 않을 때 마음이 조급해집니다. 그러면 버디 생각에 무리한 공략을 시도합니다. 이때 과도한 신중함이나 불안감으로 인해 더 많은 미스샷으로 연결됩니다. 그리고 자신을 바라보는 수준에 따라서도 경기의 양상은 달라집니다. 예를 들어 74타 정도가 자신의 실력이라고 여기는 선수가 전반에 언더파를 기록하면 자신의 실력보다 '더 잘쳤다'는 인식으로 후반에는 우쭐하고 나태한 마음에 빠지기 쉽습니다. 혹은 지키려는 마음 때문에 오히려 조심스러운 플레이로 실수가 유발될 수 있습니다. 궁극적으로 자신을 바라보는 수준을 높여야 합니다.

4. 승부 근성이 없는 아이, 어떻게 얘기해줘야 할까요?

<부모님 질문>

프로님, 안녕하세요? 워낙 많은 부모들이나 선수들에게 이런 상담 글을 받으실 것 같아서 제 글을 읽어주시기나 할까 고민하다가 답답한 마음에 결국 이렇게 글을 씁니다. 저희 아이는 만 7세에 골프를 시작해서 이번 달에 13세가 되었습니다. 아이는 요즘 평균 2~7오버파 정도 치고 있으며 작년부터 가끔 언더파를 쳤습니다. 베스트는 3언더파입니다. 어려서부터 골프를 배워 스윙에 대해서는 다들 칭찬을 아끼지 않았습니다. 하지만 체구가 크지 않아 거리가 멀리 안 나가서 쇼트 게임 위주로 연습했습니다. 그러다 보니 쇼트 게임에 대한 칭찬도 많이 받았습니다.

꾸준히 지도받으면서 코치님 또한 아이에게 많은 정성을 들였습니다. 제가 보기에도 아주 재능 있는 아이라고 생각합니다. 눈에 띄지는 않았지만 그래도 단계적으로 잘 성장했습니다. 물론 여기까지는 제가 일일이 쫓아다니면서 연습시키고 라운드마다 쫓아다니면서 지켜봤습니다. 그리고는 변화가 필요한 시점인 것 같아 투어를 뛴 경험이 있는 프로님 아카데미로 옮겼습니다. 이제 1년이 조금 넘었습니다. 아이는 어느 때보다 연습량이 늘었고, 더 이상 연습할 수 없을 만큼 열심히 하고 있습니다.

그런데 문제는 작년 하반기부터 또래 아이들은 급성장하는 반면 저희 아이는 아직 제자리걸음을 하는 듯 보였습니다. 그래서 아이와 저는 심적으로 매우 힘든 시기를 겪고 있습니다. 가끔 시합하는 모습을 지켜보면 그 잘하던 쇼트 게임에서 실수가 자주 나오고, 샷도 항상 또박또박 잘 치던 아이가 OB를 내더라고요. 현재의 프로님과 그간 아이를 지켜봐 온 몇몇 코치님들은 아이에게서 날카

로운 눈빛이나 이기고자 하는 근성이 보이지 않는다는 공통된 의견을 주셨습니다. 제가 봐도 근래 치고 올라가기 시작한 아이들은 엄청난 승부 근성을 보이더라고요. 그런데 저희 아이는 어렸을 때부터 아무리 못 쳐도 사람들 앞에서 울거나 흥분하는 모습을 보이지 않았습니다. 주변에서 그런 성격을 높이 평가하고 그것이 강점이라고들 얘기해왔습니다. 물론 저는 그런 아이의 성격이 좀 불만스러웠습니다. 못 쳐도 아무렇지도 않은 모습이 아무 생각 없는 아이처럼 보였거든요. 지금까지는 아이의 가장 큰 장점으로 생각했던 것이 이젠 독하지 않아서 벽에 부딪히고 있는지 잘 모르겠습니다. 아이에게 어떻게 얘기해줘야 할까요? 아이 마음속에는 분명히 잘하고 싶은 욕심이 있는데 그걸 자꾸 겉으로 표현해야 한다고 하니 아이도 혼란스러운 듯합니다.

사실 부모 입장에서 아이를 객관적으로 바라보는 것이 쉽지 않습니다. 제 욕심이 민감한 시기에 아이를 망치고 있는 건 아닌지 요즘은 자책도 많이 합니다. 아이가 연습을 안 하고 있으면 아이보다 제가 많이 불안합니다. 오히려 아이는 지금 프로님으로부터 '가끔은 골프채를 놓을 줄도 알아야 한다'며 휴식에 대한 이야기를 듣는데 저는 그 점이 불안합니다. 이젠 어느 정도 성적이 나와야 할 시점인데 자신보다 잘 못 치던 아이들이 점점 치고 올라오니 마음은 더 급해지고 상황은 좀처럼 나아지지 않는 것 같습니다. 아이에게 멘탈 코칭이 필요한 시기가 온 건가요? 얼마 전부터 아이가 프로님 책을 읽으면서 배우는 것이 많다며 좋아하더라고요. 간단하게나마 조언해주시면 정말 감사하겠습니다.

아이 때문에 걱정이 많으실 것 같습니다. 사실 70대 성적은 골프를 제대로 이해하지 못했더라도 또는 연습 방법이 잘못되었더라도 단지 연습만 열심히 하거나 구력이 쌓이면 나올 수 있습니다. 하지만 올바른 방향과 잘못된 방향의 차이는 구력이 대략 5~6년 이상 되었을 때 꾸준한 언더파를 치는가 또는 70~80대까지 성적 기복을 보이는가로 나타납니다. 골프의 올바른 방향은 멘탈게임과 감각게임을 잘하는가, 혹은 자신감과 집중력 있는 골프를 하는가, 혹은 타깃에 집중, 반응하는 골프를 하는가 정도로 요약할 수 있습니다. 잘못된 방향을 말하자면 스윙 동작에만 집착하기, 연습량으로만 승부하려는 태도, 타인에 의존적인 골프, 자신을 책망하는 골프, 눈치 보며 의무적으로 하는 연습, 성적에 집착하는 골프 정도로 요약할 수 있습니다.

여기서 살펴봐야 할 문제가 있습니다. 잘못된 방향의 골프도 70대 스코어를 칠 수 있기 때문에 선수들은 '조금만 더 열심히 하면 좋아지겠지'라는 생각으로 여전히 같은 방식만을 고집합니다. 다시 말해 골프에 대한 관점을 바꾸지 못하고, 변화 없이 시간만 허비하게 됩니다. 그리고 많은 노력에도 불구하고 성적이 나오지 않아 상처받습니다. 말씀해주신 내용으로만 현재 아이의 문제를 섣불리 말할 수는 없습니다. 아이가 어렸을 때부터 아무리 못 쳐도 사람들 앞에서 울거나 흥분하지 않았고 그런 모습이 아무 생각 없는 아이처럼 보였다고 언급하셨는데 어떠한 심리적인 문제로 인해 무기력한 것인지, 아니면 자신을 책망하지 않는 좋은 멘탈을 가지고 있는 것인지는 상담을 통해 확인해야 합니다. 일반적인 패턴은 이렇습니다. 성적에 대한 욕심 없이 플레이하는 어린 시절에는 감정기복이 없다가, '잘 해야 한다'는 욕심과 부담감을 가질 때부터 예민함이 생길 수 있습니다.

그리고 아이가 여전히 배우고 시행착오를 겪는 시기임에도 불구하고 부모님의 조급한 마음 때문에 아이의 문제를 섣불리 판단하거나 다른 아이들과 비교하고 있지는 않은지 되짚어볼 필요도 있습니다. 그리고 '가끔은 골프채를 놓을 줄도 알아야 한다'는 지도자의 조언에 동의합니다. 휴식을 통한 재충전이 집중력을 높입니다. 자신감 있는 선수는 골프와 떨어진 시간에 불안해하지 않습니다. 놀 땐 놀고 할 땐 하는 마인드죠. 그것이 곧 언제나 현재에 집중할 수 있는 마음입니다. 사실 이것은 많은 부모님들께서 흔히 실수하는 부분입니다. 언제나 열심히를 바라는 부모님의 마음은 아이의 휴식과 취미생활을 보장해주지 못합니다. 어머님처럼 아이의 여유로운 모습에 불안감을 갖기도 합니다. 혹시나 아이 골프와는 무관하게 어머님 자신의 불안을 아이에게 전가하고 있지는 않은지 생각해볼 필요도 있습니다.

5. 자신감이 많이 하락한 상황입니다

프로님 안녕하세요. 올려주시는 따뜻한 글로 위로받고 기운 얻는 주니어 골퍼 엄마입니다. 가끔은 뜨끔하고 울컥한 글을 읽으면서 여러 생각이 듭니다. 아이도 아이지만 제가 요즘 많이 고민하고 있어서 한 줄 한 줄이 다 제 이야기처럼 다 가오네요. 제 아이는 4학년에 시작하여 구력이 4년이며, 이제 고1이 됩니다. 성적은 이븐파부터 많게는 80대 타수까지 편차가 있으며, 전국대회 예선 통과를 하면 안심하는 정도입니다. 아이가 하고 싶다고 해서 시작했는데 노력에 비해 결과가 없다 보니 아이와 저는 자신감이 많이 하락한 상황입니다. 주변에서는 키가 크고 팔다리가 긴 좋은 신체조건을 이유로 '조금만 더하면 잘될 것이다'라고 말하지만 지금 전지훈련 연습을 봐도 70대 중후반에 머물고 있습니다.

저는 그만하고 싶습니다. 안 되는 아이를 붙잡고 있는 건 아닌지, 혹은 여기까지가 한계가 아닐지 속상한 마음에 골프 그만두자고 얘기했어요. 아이는 한 번만 더 믿어달라고 하는데 정말 마음이 괴롭습니다. 사랑하는 딸아이인데 그저 불쌍하기만 합니다. 엄마가 너무 마음이 약해서 걱정입니다. 아이에게 고스란히 전해질까 봐 겁도 나고요. 프로님 책을 작년에 구매해서 읽고 멘탈 코칭이란 것을 처음 알았어요. 멘탈의 중요성을 잘 알지 못했던 저에게 큰 도움이 되었습니다. 마음이 중요성과 믿음의 중요성을 잊지 않겠습니다. 자신감이 바닥인 상태에서 프로님께서 올리신 글을 보니 그냥 울컥해서 댓글 달아봤어요.

엄마의 안쓰럽고 아픈 마음이 전해집니다. 구력 5년에 스코어가 이븐파도 치고 70대 중후반이라면 아직 상황을 낙담하기는 이릅니다. 다만 모든 선수가 성공하는 것은 아니기에 앞으로 어떤 마음으로 어떤 방법으로 임하느냐가 중요합니다. 대부분 구력이 오래되어도 성적이 나지 않는 이유는 감각게임에서 나오는 자신감을 획득하지 못해서입니다. 그로 인해 항상 실수에 대한 불안 속에서 '잘해야 한다'는 마음으로 경기하게 됩니다. 이때 신중한 태도와 함께 멘탈이 약해지는 것입니다. 만약 골프에 대한 마음과 태도, 방식이 바뀌지 않는다면 앞으로도 계속 성적이 정체될 가능성이 높습니다. 그래서 먼저 점검해야 할 사항은 본능적 감각을 잘 사용하고 있는지, 타깃에 집중하고 있는지, 단순한 방식으로 하고 있는지, 혹시나 스윙에 집착된 연습만 하고 있는지 여부입니다.

저 역시 모두 겪어본 것들이라 힘들고 두려운 그 마음 잘 알고 있습니다. 항상 아이에게 사랑과 믿음을 주셔야 합니다. '잘하고 있다', '너도 잘할 수 있다', '오늘도 잘했구나.' 이러한 믿음 속에서 아이가 편안한 마음을 가질 수 있습니다. 메시지는 꼭 언어로만 전달되는 것은 아니기에 부모님의 사소한 행동 하나하나에 주의가 필요합니다. 아이가 불쌍하다 생각하지 마시고 엄마가 마음을 대차게 먹어야 합니다. 그 기운이 아이에게 그대로 전달됩니다. 아직 희망스러운 것은 아이에게 의지가 있다는 점입니다. 한 번만 더 믿어달라고 하니까요. 자신의 본능적인 감을 사용하여 자신감을 얻도록 도와주시길 바랍니다.

6. 흡연하는 아이, 어떻게 해야 하나요?

〈부모님 질문〉

프로님 안녕하세요! 저희 아이는 대학생입니다. 대학생이 되고 나니 이성 문제, 흡연 문제 같은 것들이 또 속을 썩이네요. 아카데미에 있다 보니 주위에 흡연하는 아이들이 많은 것 같아요. 제가 관심을 늦추지 않으니까 대놓고 하는 것 같지는 않고 가끔 하는 것 같아요. 흡연 테스트기라는 게 있어서 가끔 불시에 검사하고 있어요. 아빠는 그 나이에 그럴 수 있다고 말합니다. 그렇지만 가끔은 '운동선수이기 때문에 절대 하지 않아야 한다'라고 좋게 설득도 하다가도 따끔하게 혼내기도 한답니다. 어떻게 하는 것이 도움이 될는지요.

그리고 골프에 관련해서는 후유증에서 빨리 벗어나서 전지훈련도 잘했고 열심히 했습니다. 아직 몇 개 대회를 치르지는 않았지만, 성적이 기대만큼 안 나와서 스트레스를 많이 받네요. 지금도 대회 중인데 어제 굉장한 오버파를 치고 스트레스를 무진장 받았는지 주체를 못하더라고요. 한참 후에 마음을 진정시키고 얘기를 했어요. "엄마 아빠는 네가 성실함만 잃지 않는다면 기다릴 수 있으니 너무 조급해하지 마라"라고 했어요. 저도 한 십여 년간 골프를 시켜보니 이 길을 계속 가려면 기다리는 게 숙명인 듯합니다. 지금 꽃길을 걷고 있다고 해서 나중에 꼭 잘 되는 것도 아니고, 또 지금 어렵고 힘들다고 해서 늘 그렇게 힘들기만 하겠어요. 꾸준히 성실히 하다 보면 분명 좋은 날도 올 거라 믿기로 했어요.

안녕하세요. 우선 금연에 대해서는 아이가 담배를 피우게 된 원인을 파악하는 게 중요합니다. 전문가들에 의하면 청소년 흡연은 가정환경에 밀접한 관련이 있을 것으로 추정하고 있습니다. 꼭 그렇지는 않은 것 같습니다만, 충분히 고려해 볼 만한 이유입니다. 예를 들어 부모와 아이의 관계에서 신뢰가 깨졌거나 다른 이유로 인해 부모와의 소통이 단절되었거나 혹은 다른 사유로 인해 아이가 스트레스를 받는 상황이라면 같은 처지에 놓인 친구들과 동질감을 느끼면서 그 집단에서의 소속감 유지를 위해 일탈행동을 할 가능성이 큽니다. 흡연과 음주 및 기타 일탈행동들이 그런 친구들과의 관계 유지를 위해 매개체 역할을 하는 것이죠. 이때 강압적이고 폭력적인 방법으로 금연을 강요한다면 아이는 부모에게 더욱 반발심과 반항심을 갖게 되고 더 많은 일탈행동으로 확대됩니다. 그래서 금연 교육은 단순히 담배를 못 피우게 혼을 내는 개념으로 생각할 것이 아니라 아이에게 마음의 치유가 필요한 부분이 있는지, 아이와의 소통 방식에 문제가 있는지, 부모와의 관계에서 개선이 필요한 부분이 있는지 등의 관점에서 살펴봐야 합니다.

담배는 중독성이 강해서 한 번 피우기 시작하면 끊기가 매우 어렵습니다. 그래서 아무리 혼을 내고 부모님들이 어떤 방법을 사용한다 해도 아이들은 또다시 찾아오는 담배의 유혹을 뿌리치지 못할 것입니다. 강압적인 방법을 사용하게 되면 오히려 그것이 아이에게 또 다른 스트레스가 되어 담배를 더 찾게 되는 요인이 됩니다. 악순환이죠. 따라서 진정한 금연은 자발적 동기에서 비롯되어야 합니다. 대화와 소통을 통해 아이와의 신뢰를 회복하고, 현재 흡연 사실을 인정하면서 스스로 금연할 수 있도록 돕는 것이 바람직합니다. 흡연 테스트기를 사용하신다고 하셨는데 이 역시 아이와의 관계를 이미 불신으로 규정하는 것이기 때문에 좋은 방법은 아닙니다. 자신을 믿지 못하는 부모님에게 늘 불만을 가질 것입니다. 만약 테스트기를 통해 흡연 사실이 드러나면 또다시 서로의 관계는 불 보듯 뻔하게 좋지 않겠지요.

저의 경험을 말씀드리면 대학 1학년 때부터 담배를 피우기 시작했습니다. 딱 1년만 피워보자고 했던 것이 12년 만에 끊게 되었습니다. 물론 아버지로부터 야단맞으며 금연을 시도했지만 모두 실패하고, 결국 역류성 식도염이라는 병을 앓고 끊었습니다. 이 병은 가슴을 다리미로 지지는 듯한 심한 통증이 있고, 담배를 피우면 바로 복부에 가스가 차서 도저히 흡연을 지속할 수 없었습니다. 이렇게 자발적 동기가 있다 하더라도 그 중독성이 강하기 때문에 금연이 쉽지 않습니다. 여기서는 가정환경에서 그 원인을 생각해보았으나 다른 이유도 있습니다. 만약 단순 호기심이었고 아이에게 특별한 스트레스 요인이 없다면 시간이 지나면서 스스로 금연할 수 있습니다.

골프와 관련해서는 십 년 정도 아이를 지켜보셨기 때문에 이제 좀 느끼지 않을까 생각됩니다. 열심히 한다고, 다그친다고, 혹은 돈을 많이 투자한다고 해서 되는 아니고, 골프가 그렇습니다. 결국 멘탈 측면에서 극복하지 못하면 포기하게 됩니다. 대부분의 선수가 그렇습니다. 지금도 여전히 스코어가 안 나올 때 스트레스를 받거나 힘들어하는 것을 보니 결과에 집착한 마음으로 게임을 하는 듯 보입니다. 결과에 상관하지 않고 감각으로 도전하는 골프를 해야 합니다. 그것이 곧 마음비움이고 골프를 즐기는 마음입니다. 옆에서 지켜보는 부모님의 역할이 매우 중요합니다. 성실히만 한다고 좋은 날이 오는 것은 아니니 골프를 올바로 이해하도록 도와야 합니다. 부모님들도 공부해야 하는 까닭입니다. 도움이 되셨길 바랍니다.

7. 국가대표 선발전에서 떨어졌는데 다시 도전해야 하나요?

<부모님 질문>

안녕하세요. 아이가 선발전을 위해 열심히 준비했는데 결국 떨어졌습니다. 그 허탈감이 이루 말할 수가 없네요. 이런 아픔을 또 겪고 싶지는 않은데, 내년에도 또 준비해야 하는 것이 맞는 것인지 잘 모르겠습니다.

<답변>

안녕하세요. 떨어졌다니 아쉽게 됐네요. 저도 선발전을 쭉 지켜보고 있었습니다. 물론 통과되었다면 더없이 좋았겠습니다만, 아시다시피 사람의 마음은 기대하는 만큼 상처를 받습니다. 선발전을 준비하는 마음을 기대보다는 비움으로 했으면 어땠을까 싶네요. 그것이 어렵다는 것을 알지만 부모님께서 아이한테 노력해줄 일이라 생각합니다. 다음과 같은 말을 해주면 좋습니다. '떨어져도 괜찮다', '지금까지 잘 해왔다', '합격이 중요한 것이 아니다', '여기까지 온 것만으로도 자랑스럽다', '상비군만 되어도 엄마는 만족한다.'

앞으로도 마찬가지입니다. 국가대표에 한 번 더 도전하느냐 안 하느냐는 중요하지 않습니다. 어떤 시합이든 얼마나 마음을 비우고 게임을 즐기느냐가 중요합니다. 왜냐하면 앞으로 프로가 되어도 중요한 시합은 계속 이어지거든요. 아마도 지금의 선발전보다 나이가 들수록 그 중압감은 점점 더 커집니다. 이것을 극복하려면 성적과 상관없이 골프라는 게임을 즐겨야 합니다. 이것이 마음비움이고 자신감 있는 골프입니다. 이러한 마음 상태라면 선발전뿐만 아니라 어떤 시합에서든 떨어졌다 하더라도 상심하지 않고 금방 일어날 수 있습니다. 왜냐하면 다음 기회에 여전히 잘 할 수 있다는 믿음이 있기 때문입니다.

하지만 즐기는 골프가 안 되고 자신감이 없다면 오랜 시간 힘들어할 수 있습니다. 그리고 한 번 더 도전하기로 한다면, 내년에는 더 비장한 각오로 임하게 될 것이고 그만큼 긴장감이 더 올라옵니다. 통과된다면 다행이지만 다시 실패할 경우 더 큰 아픔이 찾아옵니다. 따라서 지금 당장의 결과에만 연연하지 말고 멀리 보며 나아가기를 바랍니다. 그래야 마음을 다치지 않고 선수 생활을 오래 할 수 있습니다. 마음을 비우는 일은 누구에게나 어렵습니다. 그것이 쉬운 일이었다면 골프로 힘들어하는 선수가 없습니다. 그러니 자책하지 마시고 앞으로 노력하시면 됩니다. 아이에게 위로 많이 해주세요.

8. 타깃에 반응하는 감각적인 골프라는 것이 무엇인가요?

<부모님 질문>

타깃에 반응하는 감각적인 골프라는 게 어떤 걸 말씀하시는 건가요?

<답변>

'반응'의 사전적 의미는 '자극에 대응하여 어떤 현상이 일어난다'라는 뜻입니다. 골프 샷에 적용하면 타깃으로 날아가는 공의 궤적을 상상하는 것이 하나의 자극이 되어 이에 따라 몸이 저절로 움직이는 현상을 말합니다. 상상과 순간적인 예측에 반응한다고 생각하면 됩니다. 선수에게 어렵게 느껴질 수도 있지만, 사실 우리는 이미 모든 일상생활에서 하고 있습니다. 예를 들어, 젓가락질을 할 때 의식적으로 생각하지 않아도 음식을 입으로 잘 넣습니다. 걸음을 걸을 때도 아무런 의식 없이 손발이 알아서 움직입니다. 누구나 할 수 있는 일이죠. 그래서 사람의 기본적인 능력에 기반한 수행이므로 본능적이라 할 수 있습니다. 심리적으로 보자면 '반응'은 '내 것을 한다'라는 개념이며 자신을 신뢰하는 행위입니다. 오로지 나의 느낌과 동물적 감을 사용하는 것이기에 누구의 것을 따라 할 필요가 없습니다. 즉 확고한 자기 방식인 것이죠. 그래서 자존감이 높은 사람, 남의 말에 쉽게 흔들리지 않는 사람, 능동적인 사람일수록 더 잘합니다.

또한 '반응'은 동작을 의식적으로 생각해서 하는 것이 아니기 때문에 '직관적이다', '즉흥적이다', '단순하다', '무의식적이다'라고 설명할 수 있습니다. 다시 말해 샷을 하는 순간만큼은 복잡한 생각과 계산으로 수행하는 것이 아니고, 오로지 보고 느끼는 대로 수행하는 것입니다. '동작을 세세히 생각하지 않는다'의

또 다른 의미는 자신의 느낌을 믿고, 자신의 스윙을 믿는 태도입니다. 대부분의 선수는 이러한 방식으로 하지 못합니다. 그 이유는 멘탈의 영역은 눈에 보이지 않고, 미스샷이 나오면 기술적인 측면에서만 문제점을 찾으려 하기 때문입니다. 그리고 넘쳐나는 스윙 정보로 인해 골퍼들은 함정에 쉽게 빠집니다.

미국의 저명한 밥 로텔라 박사는 타깃에 집중하는 골프를 이렇게 설명합니다. "동작을 생각하지 않고 플레이하는 것은 마치 벌거벗은 채로 골프 코스에 나서는 느낌과 같고, 발표할 때도 벌거벗은 채로 낯선 사람들 앞에 서는 느낌과 같다. 골프를 잘하기 위해서는 의식의 뇌를 끄는 것, 동작을 컨트롤해야 한다는 생각, 결과를 만들어 내려는 욕망 등 자신이 소중하게 여기는 것을 포기해야 한다. 타깃 집중은 '몸에 맡긴다'라는 개념으로, 즉 나의 재능과 기술을 몸이 알아서 하도록 내버려 두는 것. 그러면 내 몸은 타깃으로 공을 보내기 위해 필요한 무언가를 한다. 이 사실을 그냥 믿는다. 잠재의식에 내 몸을 맡기고 내버려 두면 내가 보았던 곳으로 공을 보낼 수 있는 최상의 기회를 가질 수 있다."

9. 전지훈련은 꼭 가야 하나요?

〈부모님 질문〉

프로님 글을 통해 많은 위로와 도움을 받는 학부모입니다. 형편이 넉넉지 않아 남들처럼 아카데미에 보내지도 못하고, 전지훈련 시기에는 고민이 많아집니다. 전지훈련을 보내자니 빚을 내야 하는 형편이고, 보내지 않으면 아이가 실망할까 봐 걱정됩니다. 어떻게 해야 할까요?

〈답변〉

경제적인 문제는 언제나 고민이 클 것으로 생각됩니다. 답을 먼저 드리자면 전지훈련은 꼭 안 가도 됩니다. 단시간에 필드 경험을 쌓으면 실력이 많이 향상될 것으로 기대하지만 꼭 그런 것은 아닙니다. 70대를 치는 수준에서는 연습량, 라운드의 양, 레슨의 양이 실력을 결정하지 않습니다. 실력을 결정짓는 것은 골프를 하는 방식과 자신감에 있습니다. 실제로 구력이 좀 된 부모님 중에는 전지훈련을 두세 달씩 보내도 타수가 제자리에 있다고 하소연합니다. 심지어 성적이 더 나빠져 더 힘겨운 시간을 보내기도 합니다. 만약 라운드 경험이 실력을 결정하는 중요한 요소라면 아마도 따뜻한 나라의 선수들은 모두 잘해야 합니다. 하지만 그렇지 않죠.

저에게 멘탈 코칭을 받으면서 자신감을 획득한 선수는 오히려 '돈 아깝게 전지훈련을 왜 가느냐'라고 말합니다. 이런 선수들은 골프에서 무엇이 중요한지를 깨우쳤습니다. '남들은 모두 전지훈련 가는데 나만 못 간다'라는 열등의식 따위가 생길 리 없겠지요. 그래서 전지훈련에 대해 고민하기에 앞서 자신감을 어떻게 만들 것인지에 대해 고민해야 합니다. 말하자면 자신감이 없다면 전지훈련을 백번 가봤자 소용없다는 이야기입니다. 물론 형편이 되고, 자신감이 있는 선수라면 따뜻한 곳에서 겨울을 보내는 것이 더 좋겠지요. 혹은 이제 골프를 시작한 지 얼마 안 된 아이라면 두세 달씩 라운드에 집중하는 것이 빠른 실력향상에 도움이 됩니다. 초기에는 기술적인 측면에 대한 노력과 연습량으로 타수를 현저히 줄일 수 있지만, 70대 타수를 기록하는 선수는 그보다도 멘탈적인 측면이 더 중요합니다. 따라서 꼬박꼬박 전지훈련을 가서 벼락치기 하듯 라운드하는 것보다 평소에 골프를 잘 이해하고 올바른 방향으로 해나가는 것이 선수로서 성공할 수 있는 길입니다.

전지훈련을 가지 않고 겨울을 나는 방법은 시즌이 끝나고 한 달 정도는 푹 쉬면서 몸과 마음을 재충전합니다. 그동안 못했던 일을 하거나 여행을 가거나 가족과 함께 시간을 보내거나 등등. 이렇게 재충전의 시간을 보내는 것이 전지훈련으로 큰돈 지불하며 몸과 마음을 지치게 하는 것보다 오히려 나을 수 있습니다. 형편이 넉넉지 않은데 큰돈을 쓰게 되면 그만큼 성적을 내야 한다는 부담감도 생깁니다. 그리고 휴식을 좀 취했다면 체력 운동과 함께 연습을 시작합니다. 아카데미를 보내는 문제도 마찬가지입니다. 레슨의 양이 실력을 결정해주는 것이 아닙니다. 다른 이유가 없다면 아카데미에 소속되어 있지 않고 일주일에 한 번 정도 레슨 받는 것으로도 충분히 해나갈 수 있습니다. 실제로 제가 운영하는 멘탈 코칭 또는 자기주도골프 프로그램에 들어와 있는 선수 중에는 아카데미에 소속되어 있지 않고 일주일에 한 번의 레슨으로도 잘 해나가고 있습니다. 이는 단순히 경제적 비용을 줄이기 위한 방법이 아닙니다. 스스로 연구해서 터득하는 방법이 진짜 내 것을 만드는 방법이고, 그 과정에서 자기주도 능력을 키울 수 있습니다.

　역사상 최고의 골프선수 중 한 명인 잭 니클라우스도 레슨에 의존하는 선수들을 지적하며 스스로 해나가는 과정을 강조합니다. 잭 니클라우스 또한 레슨을 받는 것은 양날의 칼이 될 수 있다고 말하면서 오히려 시합을 나가는 선수에게는 방해된다고 이야기합니다. 그리고 덧붙이기를 좋은 지도자는 자기 스스로 배우는 법을 가르칩니다.

10. 프로가 돼서 기교를 배워야 하나요?

〈부모님 질문〉

안녕하세요. 중고등부 아마추어 때는 성적에 상관하지 않고, 골프 실력을 위해서만 정진하고 프로가 돼서 기교를 배우면서 성적을 내는 것이 맞을까요? 아니면 아마추어 때도 국가대표를 꿈꾸면서 성적을 잘 내기 위해 최선을 다하는 것이 맞을까요? 이런 부분이 고민입니다. 여러 가지 방법이 있겠지만 어떤 것이 맞을까요? 아이에게 올바른 조언을 해주고 싶습니다.

〈답변〉

제 의견은 성적과 상관없이 항상 근본적인 실력을 쌓기 위해 노력해야 합니다. 그것은 골프의 본질을 깨우치기 위한 노력, 자신만의 게임, 과정의 집중으로 설명할 수 있습니다. 이는 결국 최고의 성적을 위한 노력입니다. 그러면 국가대표도 될 수 있겠죠. 성적을 잘 내기 위한 마음은 현재의 집중을 방해하며 조급해지기 쉽습니다. 실수 하나에 화를 내고 실망감이 커집니다. 그리고 남들과 비교하며 부족한 자기 모습만 찾습니다. 또한 실수에 대한 두려움, 불안감이 커져 골프에 대한 흥미를 잃습니다.

사실 과정에 집중한다는 것이 어렵습니다. 드러나는 것이 성적이고, 모든 것이 성적으로 판가름 나기 때문입니다. 처음에는 재미있어서 골프를 시작하지만, 주변 환경으로 인해 성적의 압박을 받기 시작하면 그 재미가 반감됩니다. 그러면 결국 '결과 지향적'이 됩니다. 선수가 좋은 멘탈로 성공하려면 성적에 대한 집착에서 벗어나야 성적을 잘 낼 수 있다는 모순을 이해해야 합니다. 이 모순을 이해하고 실천하는 방법이 바로 '과정 지향적' 골프입니다. 이는 멘탈 코칭의 목표 중 하나입니다. '과정 지향적'은 감각적인 방식으로써 자신만의 게임을 만들고 골프 자체를 즐기는 마음입니다. 성적보다 자신이 좋아하는 골프를 하고 있다는 사실이 중요합니다. 여기서 자발적 동기와 자기주도적인 태도가 나옵니다. 이런 마음에서 성적이 좋지 않아도 오늘 라운드에 만족할 수 있습니다. 여기서 부모님의 역할이 매우 중요합니다. 부모님의 생각대로 아이도 그렇게 따라갈 테니까요. 부모님 역시 성적 위주로 아이를 끌고 가면 아이한테 강요와 질책을 하기 쉽습니다. 스스로 터득하여 성적을 낼 때까지 기다려야 합니다. 성적에 대한 칭찬보다 과정에 집중한 노력을 더 칭찬해야 합니다.

프로 가서 필드에서의 기교를 배우면서 성적을 내는 것이 맞느냐 하는 문제는 이렇게 이해하면 됩니다. 제가 말하는 과정 지향적 골프는 '필드에서의 기교'와 '성적을 내는 골프'가 모두 포함됩니다. 프로 가서 따로 배워야 할 것은 없습니다. 골프를 잘 배우면 아마추어 신분으로도 1부 투어 정규대회에서 우승할 수 있습니다. 한국에서는 김대섭 2승, 이창우, 박세리, 최혜진, 신지애, 김효주 등과 최근에는 고등학생인 이효송 선수가 일본여자프로골프투어 메이저 대회에서 우승한 기록이 있습니다. 세계적으로도 사례는 많습니다. 아마추어 신분으로 이미 보통의 프로선수들의 실력을 뛰어넘은 것이죠.

중요한 점은 올바르게 잘 이끌어줄 지도자를 만나야 합니다. 단순히 기술만 배워서는 한계가 있습니다. 멘탈에 대해서, 게임 운영에 대해서, 나아가 진로와 인생에 대해서 꾸준히 소통할 수 있는 지도자가 멘토처럼 곁에 있어야 합니다.

나가는 말

　　골프선수한테 들어가는 비용이 너무 많다. 레슨비, 훈련비용을 비롯해 체력 단련, 멘탈 코칭, 전지훈련, 필드, 장비까지. 최근에는 퍼팅, 어프로치, 비거리 등 분야별로 특성화된 레슨으로 인해 부모의 경제적 부담은 더욱 가중되고 있다. 혹시 내 아이만 이런 투자를 안 하면 뒤처질까, 열등감을 느끼지는 않을까 하는 불안감에 부모의 고민은 끝이 없다. 뭐 하나 비싸지 않은 비용이 없으니, 과연 이 많은 돈을 써야만 할까?

　　내가 골프를 시작했던 90년대만 해도 연습생 출신, 이른바 '헝그리 골퍼'들이 많았다. 골프장에서 진행, 도어맨, 락커맨, 골프백 상하차, 잔디 깎기, 캐디 등 온갖 궂은일을 하며 꿈을 키웠다. 나 역시 스무 살에 화장실 청소부터 망 꿰매기, 캐디기 수리, 볼 공급기 관리 등 안 해본 일이 없다. 레슨비로 돈을 쓰는 것만큼 사치스러운 일도 없었다. 이런 열악한 환경에서도 헝그리 골퍼들은 끈질기게 정진하여 프로에 입문하고 우승까지 일궈냈다.

　　모르는 길을 빨리 가려면 비싼 돈 주고 택시를 타야 한다. 하지만 급하다고 '따블!'을 외치며 기사를 재촉하면 사고의 위험만 커진다. 골프 역시 마찬가지다. 돈을 써야 하지만 돈을 퍼붓는다 해서 빨리 가지는 것은 아니다. 오히려 상처만 더 깊어질 수 있다. 최근 1년 만에 학부모한테서 전화가 왔다. 나와의 성공적인 코칭을 뒤로하고 아이를 유명한 아카데미로 보냈고, 퍼팅이며, 어프로치며 파트

별 레슨을 받게 했다. 심지어 다른 멘탈코치에게도 갔다. 하지만 성적은 뒷걸음 쳤고, 불안감은 다시 차올랐다. 이 선수는 레슨을 많이 받고, 돈을 많이 쓴다고 될 일이 아님을 증명하고 있었다.

또 어떤 선수는 겨울에 큰돈을 들여 따뜻한 나라로 전지훈련을 떠난다. 그 좋은 환경에서 날마다 라운드하며 훈련했어도 새 시즌을 맞이하여 발전은커녕 오히려 성적은 거꾸로 간다. 속된 말로 환장할 노릇이다. 골프의 방향이 잘못된 결과다. 골프는 실력 수준에 따라 필요한 레슨이 있고 필요하지 않은 레슨이 있다. 처음엔 기술의 비중이 더 높아야 하지만 구력이 늘어날수록 멘탈의 비중이 더 높아야 한다. 해가 지나도 스윙에만 집착된 골프를 한다면 깨진 독에 물을 붓듯 하염없이 돈만 깨진다. 결국 최고의 수준에서는 멘탈에서 판가름 나기에 부모나 선수나 골프는 '멘탈게임'임을 잊지 않아야 한다. 이런 과정을 모르면 함정에 빠질 수밖에 없다.

그렇다면 어른들은 아이들의 좋은 멘탈을 위해 무엇을 고민해야 할까? 사실 아이가 골프를 하든 안 하든, 부모는 아이의 건강한 멘탈을 위해 애써야 한다. 과거 암기 위주의 주입식 교육에 대한 비판이 일어나면서 체험 활동 중심의 교육 방식이 대두되었다. 이른바 '참교육'이다. 경험을 통해 느끼고 생각하며, 스스로 판단하는 능력을 기르는 이 교육방식은 문제 해결, 자기 결정, 비판적 사고, 창의성, 응용력과 같은 능력을 키우는 데 목적이 있다. 골프를 하는 아이 역시 이러한 정신적 능력, 즉 '자기주도 능력'을 바탕으로 경기력이 향상된다. 결국 골프에도 참교육이 필요하다는 말이다. 무턱대고 돈으로만 해결하려 하기보다 참교육을 위한 부모의 진지한 고민이 필요하다. 골프에서 자기주도가 특히 중요한 이유는 클럽선택, 코스공략, 트러블 상황 등 매 순간 최적의 판단이 필요하기 때문이다. 그것이 곧 게임 운영 능력의 핵심이다.

골프선수의 길은 험난하다. 많은 장애와 함정이 도사리고 있다. 돈은 돈대로 들어가고 성적이 오락가락하면 답답한 날만 계속된다. 이쯤 되면 어떤 길이 맞는지 알 길이 없는 골프가 돼버리고 만다. '한순간에 망하고 싶으면 도박을 하고, 서서히 망하고 싶으면 아이에게 골프를 시키라'는 우스갯소리가 괜히 나온 것이 아니다. 레슨비로 10원 한 장 써보지 않고 프로에 입문한 나에 눈에는 선수들에게 들어가는 비용에 너무 많은 거품이 보인다. 레슨의 상업화, 일부 지도자의 상술, 여기에 부모의 불안과 욕심으로 인해 그 거품은 더욱 증폭된다. 부모는 아이의 건강한 멘탈을 위해서 애써야 하지만 비용적인 측면에서도 효율성을 높여야 한다. 있는 돈 없는 돈 갖다 쓰다 보면 자칫 부모의 멘탈이 먼저 위태로워진다.